Lou Andreas-Salomé Eine Bildbiographie

Danksagung

Dieser Bildband zu Leben und Werk
von Lou Andreas-Salomé basiert in
seinen hauptsächlichen Aussagen auf
der Biographie, die 1988 von Ursula
Welsch und Michaela Wiesner-Bangard
veröffentlicht und 1990 in zweiter
Auflage erschien. Mittlerweile ist sie
aktualisiert und etwas gekürzt als
Taschenbuch erhältlich. Deshalb
gebührt Michaela Wiesner-Bangard
besonderer Dank, da ihr Anteil an der
oben genannten Biographie selbstverständlich mit eingeflossen ist.
Wir möchten uns auch bei Inge Weber
für das sachkundige und kritische
Engagement bedanken, das uns in
allen Stadien der Entstehung dieser
Bildbiographie mit herzlicher
Anteilnahme begleitet hat.

Ursula Welsch · Dorothee Pfeiffer

Ursula Welsch und Dorothee Pfeiffer

Lou Andreas-Salomé

Eine Bildbiographie

RECLAM
LEIPZIG

© Reclam Verlag Leipzig, 2006
1. Auflage, 2006
Umschlag- und Innengestaltung: Gabriele Burde
Bildbearbeitung: Massoud Graf-Hachempour
Umschlagabbildung: Lou Andreas-Salomé
Foto: Lou Andreas-Salomé-Archiv, Göttingen
Gesetzt aus ITC Slimbach
Satz: Reclam Leipzig
Druck und Bindung: Ebner & Spiegel, Ulm
Printed in Germany
ISBN-13: 978-3-379-00877-8
ISBN-10: 3-379-00877-X

www.reclam.de

Inhalt

WACHSEN UND WERDEN
《1861–1880》

»Ich glaube doch, für die meisten Menschen ist die Kindheit die beste Zeit, wenn sie später daran denken, nur war es für mich die am wenigsten gute«, schrieb Lou Andreas-Salomé im Dezember 1908 an ihre Freundin Frieda von Bülow.

Was mag das für eine Kindheit gewesen sein, wenn nicht einmal ein Abstand von mehr als vierzig Jahren das Erlebte in einem milderen Licht erscheinen läßt?

Von außen betrachtet gibt es keinerlei Anzeichen, die in Lous Kindheit auch nur die geringste seelische oder körperliche Grausamkeit vermuten lassen. Ihre Eltern verehrten einander – wie sie selbst berichtet –, gingen sehr respektvoll miteinander um, und auch ihre Brüder waren ihr zeitlebens zugeneigt und kümmerten sich fürsorglich um sie.

Dennoch muß sich Louise, genannt Lolja, in ihrer Kindheit sehr einsam gefühlt haben. Ihre Eltern waren strenggläubige Protestanten, die der deutsch-reformierten Kirche angehörten. Während jedoch die Glaubensstrenge des Vaters durch Großzügigkeit und Warmherzigkeit gemildert wurde, lebte die Mutter Louise eher in starren Verhaltensmustern und vermied jegliche Gefühlsäußerung. Sie hatte sich ja auch statt der Tochter einen weiteren Sohn gewünscht, um das »männliche Halbdutzend« vollzumachen. Die kleine Louise wuchs vor allem mit dem drei Jahre älteren Eugène als Spielkameraden auf, während Alexander und Robert viele Jahre älter waren. Zwei weitere Brüder (der älteste und der vierte) waren bereits vor Loljas Geburt gestorben. Für Lou Andreas-Salomé blieb es lebenslang ein Rätsel, woher ihr intensives Einsamkeitsgefühl stammte, da sie doch mit drei so prachtvollen Brüdern aufgewachsen war.

Um die Einsamkeit zu ertragen, hatte sich die kleine Louise von Salomé bereits früh einen sehr persönlichen »Lieben Gott« zurechtgeträumt. Ihm vertraute sie, ihm erzählte sie ihre Geschichten, ihn konnte sie auch bitten, ihre Eltern nicht zur Rechenschaft zu ziehen, wenn diese ihre Tochter für Streiche oder Mißgeschicke bestraft hatten. Es machte nichts, daß er nie antwortete – bis auf ein einziges Mal: Als ihr einmal ein Knecht ein Rätsel aufgab, das sie nicht allein lösen konnte und der Liebe Gott weiter stumm blieb, da wußte sie auf einmal, daß es keinen Gott gab – für niemanden. Auch für ihre strenggläubigen Eltern nicht! Aus Mitleid mit den unwissenden Eltern war Lolja fortan ein braves Kind. Die Vorstellung von den Lebewesen als Geschöpfen Gottes verwandelte sich in der Folge in den tröstlicheren Gedanken einer gemeinsamen natürlichen Herkunft und Heimat allen Lebens, einer Art »Urmaterie« oder »Urleben«. Das Bewußtsein einer »Schicksalsgenossenschaft alles dessen, was ist«, gab Louise von Salomé ein neues Gefühl des Aufgehobenseins in der Welt und der inneren Freiheit und damit Kraft für ihren unkonventionellen Lebensweg.

Ihre Familie gehörte den oberen Kreisen der St. Petersburger Gesellschaft an. Ihrem Vater, General Gustav von Salomé, war während seiner militärischen Laufbahn der erbliche russische Adel verliehen worden. Die innere Distanz, die Lolja zu ihrer Familie hatte, wurde als Bruch deutlich sichtbar, als sie sich im Alter von sechzehn Jahren – kurz nach dem Tod ihres Vaters – weigerte, sich konfirmieren zu lassen. Zusammen mit ihrer Ablehnung des konservativen Pastors Dalton kam dies einem Austritt aus der Kirche gleich. Die Einsamkeit verstärkte sich.

Auch zu gleichaltrigen Schulkameradinnen entwickelte Lolja wegen ihrer verzögerten Entwicklung – ihrer »anhaltenden Kindhaftigkeit«, wie sie es selbst später bezeichnete – kein engeres Verhältnis. Eine nähere Beziehung hatte Louise nur zu ihren Kusinen zweiten Grades: Auguste und Emma Wilm. Die etwas ältere Auguste, genannt Gully, heiratete früh Loljas Bruder Robert und gehörte damit zum Petersburger Familienkreis, während Emma, die Louise vom Wesen her näher stand, den deutschen Diplomaten Otto Flörke ehelichte und mit ihr auch in späteren Jahren in engerem Kontakt lebte.

Emma, genannt Emmka, war es wohl, die Lolja im Mai 1878 auf Hendrik Gillot aufmerksam machte. Gillot gehörte der holländischen Gesandtschaft als Prediger an und sorgte mit aufrüttelnden Predigten und einer charismatischen Ausstrahlung für Aufmerksamkeit. Für Lolja schien er die Rettung zu sein: »Das ist es ja, was ich gesucht.« Sie glaubte, mit seiner Hilfe ihrer Vereinsamung und der nach dem Tod des Vaters angespannt-verfahrenen familiären Situation entkommen zu können. Zuerst heimlich – später mit ertrotzter Billigung der Familie – unterrichtete Gillot Lolja in Religion und Philosophie. Zusammen lasen sie u.a. Kant, Leibniz, Fichte, Feuerbach, Schopenhauer, Kierkegaard und Spinoza, der eine besondere Bedeutung für Lolja gewann. Sie vertiefte sich so intensiv in diese neuen Welten, daß nur Erschöpfungszustände sie am Weiterlernen hindern konnten.

Hendrik Gillot führte Lolja von ihren Phantasiegebilden weg – hin zu den komplexen Systemen des Verstandes –, und dennoch trat er damit in gewisser Weise die Nachfolge des »Lieben Gottes« an. Er gab Loljas Schutzbedürfnis gegen die Einsamkeit nur eine andere Richtung. Auch er erreichte trotz ihrer intensiven Beziehung nicht, daß sie sich der Realität öffnete und damit Vertrauen und Nähe zu konkreten Personen empfinden lernte. Lou – wie Gillot sie nannte, weil er Lolja nicht aussprechen konnte – bewegte sich nach wie vor in ihrem eigenen Universum, das sie letztlich nie verlassen hat. Insofern ist Gillot nur der erste einer Reihe von Männern, die Lous Begeisterung für Verstandesarbeit und ihr rückhaltloses Sich-Einlassen auf denjenigen, mit dem sie gerade »lernte«, als Leidenschaft für die eigene Person mißverstanden.

Denn als Hendrik Gillot, der eine Ehefrau und zwei Kinder in Lous Alter besaß, versuchte, die kindlich zutrauliche, aber ansonsten ausschließlich geistige Beziehung seitens seiner Schülerin mit Hilfe eines Heiratsantrags auf eine neue Basis zu stellen, brach Lou von Salomé den direkten Verkehr mit ihm ab und beschloß, im Ausland alleine weiterzustudieren.

Ihre Mutter war entsetzt, und der Plan schien gefährdet, weil man konfirmiert sein mußte, um einen Paß zu erhalten. So mußte sie noch einmal mit Gillot zusammentreffen. In der Kirche der kleinen holländischen Gemeinde Santpoort, in der einer seiner Studienkollegen tätig war, zelebrierte Hendrik Gillot die Konfirmation Lou von Salomés – mit Worten, die einem Ehegelübde gleichkamen. Danach reiste Lou mit ihrer Mutter sofort nach Zürich ab, um an der dortigen Universität ihre Studien fortzusetzen. Ein Kontakt zu Hendrik Gillot kam erst wieder zustande, als Lous Mutter ihn in den Kämpfen um die »Dreieinigkeit« mit Friedrich Nietzsche und Paul Rée zu Hilfe rief.

❮ *Die Mutter kurz nach ihrer Eheschließung mit Gustav von Salomé*

»**H**eute ist der letzte Montag daß ich im elterlichen Hause als Mädchen weile! Welche Gefühle drängen sich mir auf, wenn ich an die so baldige Veränderung meines Standes denke. Gott weiß es wie sehr ich meinen Gustav liebe, und ich bin fest überzeugt in der Verbindung mit ihm glücklich zu werden, aber welch ein Schritt ist es doch, vom Mädchen zur Frau! […] gebt mir die Kraft das zu vollbringen was mein fester Wille ist, und mein eifrigstes Bestreben sein soll, meinem geliebten Manne alles das zu sein was ihm sein Leben verschönern kann, und was eine jede Frau ihrem Manne sein *soll* und *muß!*«
[Tagebuch der Mutter vom 4.12.1844, dem Vorabend ihrer Eheschließung; unveröffentlicht]

»**U**ntereinander verstanden die Eltern sich wortlos, ungeachtet ihrer
starken Unterschiedenheit voneinander (ausgenommen die gleiche
Stärke ihres Temperaments und ihres Glaubens); in unentwegter
Anpassung hielten sie sich die tiefste Liebestreue. Eine Hauptsache
dabei war wohl auch, daß beiden ganz unwillkürlich inne blieb, wie
sehr es lebenslang gilt, den eigenen Einseitigkeiten zu Hilfe zu kommen: – vielleicht weniger noch im moralischen Sinn, als im Verlangen,
nicht in sich selbst steckenzubleiben. [Die Eigenschaft, die beiden am
vollständigsten fehlte, war wohl der Hochmut und der dazugehörige
Kleinmut.]« [Lebensrückblick S. 50]

❮ *Gedicht von Lola – vermutlich einem der beiden früh
verstorbenen Brüder – für seine Eltern; darunter ein Tage-
bucheintrag in der Handschrift der Mutter*

»**D**as Märchen von den Engeln die vom Himmel kommen
um Kindlein zu werden, – diese erste, kindliche Poesie in
welcher wir Alle Geburt u. Werden zuerst kennen gelernt
haben, wird in dieser Liebe [zum erstgeborenen Kind] fast
zur Wahrheit. Im ersten Glück und Traum der Ehe empfin-
det man Überschwengliches u. Seliges und siehe, dies
Überirdische das zwei Menschen träumten, streift die
Flügelchen vorsichtig ab um als ein bedürftiges Kindlein
für sie zur Welt zu kommen.« [Brief an ihre Kusine Emma
Flörke vom 7.11.1887; unveröffentlicht]

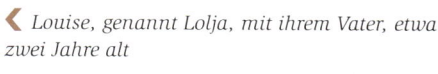
❮ *Lolja, etwa fünf Jahre alt*

❮ *Louise, genannt Lolja, mit ihrem Vater, etwa zwei Jahre alt*

»Wenige Jahre alt, war ich durch ein vorübergehendes Etwas, das man ›Wachstumsschmerzen‹ benannte, zeitweilig im Gehen behindert gewesen, erhielt zum Trost weiche rote Saffianschühchen mit Goldtroddeln und thronte auf meines Vaters Arm so gern, daß die Sache schief ausging: denn ich signalisierte infolgedessen keineswegs rechtzeitig das Aufhören der Schmerzen, und derselbe zärtliche Vater brachte – an derselben Körperstelle, die sich auf seinen Arm geschmiegt hatte, schweren Herzens, doch unbeirrt, eine handfeste kleine Birkenrute in Anwendung.« [Lebensrückblick S. 47]

»In der ganz frühen Kindheit hatte meinen Vater und mich eine kleine geheime Zärtlichkeit verbunden, von der ich mich dunkel entsinne, daß wir von ihr abließen beim Hinzukommen von Muschka, die nicht für Gefühlsäußerungen war; auch hatte mein Vater nach den fünf Buben sich leidenschaftlich ein kleines Mädchen gewünscht, während Muschka lieber das männliche Halbdutzend voll gemacht hätte.« [Lebensrückblick S. 47]

❮ *St. Petersburg, Newski Prospekt mit dem Turm des Stadtparlaments (Duma)*
und der Markthalle, 1913; Louise von Salomés Geburtshaus liegt am Beginn des
Newski Prospekts im Hintergrund des Bildes

»Ich entsann mich unserer Ausgänge an klaren Wintertagen zu zweien: Da
meine Mutter nicht mit eingehängtem Arm gehen mochte, hatte mich mein
Vater daran gewöhnt, dies Kunststück schon ganz klein zu bewerkstelligen: mit
immensen Schwebeschritten, neben den seinigen langen, ruhigen.« [Lebens-
rückblick S. 47 f.]

»Das große Wappenbuch mit des Kaisers Worten darin, dem Altwappen – rotgolden und quergestreift – unten, und darüber dem russischen mit zwei rotgoldenen Schrägstreifen unter dem Visierkopf, ist mir noch sehr erinnerlich von unserm kindlichen Beschauen her; nicht minder die auf kaiserliche Anordnung für meine Mutter in Imitation des goldenen Ehrensäbels verfertigte Vorstecknadel, an der meines Vaters sämtliche Orden – in winzigster, aber genauer Wiedergabe – herniederhingen.« [Lebensrückblick S. 59]

»Ein noch ganz kleines Mädchen, sehe ich mich aufrecht in meinem Gitterbett stehen, als mein Vater, in großer Uniform von einem Galadiner kommend, mich an sich ziehen will und dabei mit seiner brennenden Zigarette an meine nackte Schulter gerät. Natürlich schreie ich mörderlich los, und als er, zärtlich erschrocken ob seiner väterlichen Untat, mich über und über mit Küssen bedeckt, nehme ich wahr – in staunender Befriedigung verstummend – daß in seinen stahlblauen Augen ganz wirkliche echte Tränen stehen.« [Von frühem Gottesdienst, S. 457 f.]

❮ *Strandbad am Finnischen Meerbusen in unmittelbarer Nähe von St. Petersburg*

»[**E**ine] Erinnerung, die in meine kleinste Kindheit fällt, wo ich sommers meine Mutter öfter (und sehr gern) in unserm Kabriolet zum Bad im Meer begleiten durfte. Durch ein Fensterchen in der Kabine im Badehaus sah ich zu, wie sie sich im Wasser des Bassins unter mir tummelte, und da schrie ich sie einmal bittend an: ›Ach, liebe Muschka, ertrink doch mal!‹; sie schrie herzlich und lachend zurück: ›Aber, Kind, dann bin ich ja ganz tot!‹ – worauf ich ihr das typische russische Wort im stärksten Stimmton entgegenbrüllte: ›Nitschewó!‹ (›macht nichts‹).« [Lebensrückblick S. 49 f.]

»**B**eiden Eltern gegenüber aber – so scheint es mir jetzt
– fehlte bei mir, im Vergleich mit den Erfahrungen der
weitaus meisten Kinder, von denen ich weiß, das Über-
hitzte in der Gefühlseinstellung, sei es in Trotz oder
Liebe. Das Verbindende wie das Oppositionelle unter-
stand einer Grenze, hinter der irgendwie noch Freiheit
Raum behielt.« [Lebensrückblick S. 48]

❮ *St. Petersburg, Generalitätsgebäude, die dem Mojka-Kanal zugewandte Seite des Ostflügels; im rückwärtigen Teil (Bildhintergrund) befand sich die Wohnung der Familie Salomé, im vorderen die Ministerien der Finanzen und des Auswärtigen Amtes*

»**M**ir gefielen lediglich die hackenlosen Ballschuhe, die ich seit den Tanzstunden gern trug, um darin über das Parkett des großen Saales wie über Eis zu gleiten – wozu auch die übrigen großen Räume, überhoch wie in Kirchen, verleiteten. Denn die Dienstwohnung in der Morskája [heute: ulica Gercena] lag in einer Abteilung des Generalitätsgebäudes an der Moika, und diese Beschaffenheit der Räume, dies Gleiten in ihnen, hängte sich fest an meine täglichen Freuden: erinnernd sehe ich mich am ehesten in dieser Bewegung: die war, als sei man allein.« [Lebensrückblick S. 45]

❮ *Prächtiges Zimmer, an der Wand über dem Bücherschrank ein Zarenporträt*

»**D**ie ältern Brüder hatten früh geheiratet, schon in der Tanzstundenzeit für immer gewählt; leidenschaftlich verliebte Gatten und Väter, waren sie sehr glückliche Menschen geworden, deren Verhalten zu ihren Frauen viel von der Art unseres Vaters der Mutter gegenüber widerspiegelte; so hatte er z.B. die Gewohnheit, bei deren Eintritt ins Zimmer sich zu erheben – was wir Kinder unwillkürlich nachgemacht hatten. Das schloß nicht aus, daß es auch zu Äußerungen der Heftigkeit kommen konnte, veranlaßt von seinem brausenden Temperament, das wir sämtlich erbten.« [Lebensrückblick S. 45]

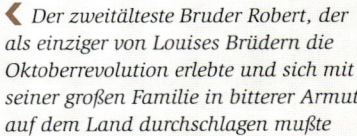

❮ *Der zweitälteste Bruder Robert, der als einziger von Louises Brüdern die Oktoberrevolution erlebte und sich mit seiner großen Familie in bitterer Armut auf dem Land durchschlagen mußte*

❮ *Der älteste Bruder Alexander*

»**D**er älteste – Alexandre, Sascha –, in seiner Mischung von Energie und Güte, stellte uns von jeher einen zweiten Vater vor, gleich diesem aktiv und hilfreich bis in fernste Kreise; dabei von herrlichem Humor, vom ansteckendsten Lachen, das ich je hörte.« [Lebensrückblick S. 44]

»**D**er zweite – Robert, Roba – (elegantester Mazurkatänzer bei unsern winterlichen Hausbällen) war von allerlei künstlerischer Begabung und von sensitiverer Stimmung; gern wäre er Militär geworden wie sein Vater, wurde indessen von diesem zum Ingenieur bestimmt, als welcher er sich dann hervortat.« [Lebensrückblick S. 44]

❮ *Der jüngste Bruder Eugen*

❮ *Lolja, etwa neun Jahre alt*

»Ebenso machte die damalige patriar-chalische Familienordnung den dritten Bruder – Eugène, Genja –, zur Diplomatie geradezu geschaffen wider seine Absichten zum Mediziner, aber mit gleichem Erfolge; denn gründlich verschieden geartet, wie sie waren, hatten sie doch das Gemeinsame außerordentlicher Berufstüchtigkeit, absoluter *sachlicher* Hingabe. Der dritte bewährte dies als Kinderarzt, hatte sich übrigens schon als Knabe mit kleinen Kindern befaßt.« [Lebensrückblick S. 44 f.]

»Das brüderliche Zusammengehören von Männern war mir im Familienkreis als jüngstem Geschwister und einzigem Schwesterchen auf so überzeugende Weise zuteil geworden, daß es von dort aus dauernd auf alle Männer der Welt ausstrahlte; wie früh oder spät ich ihnen auch noch begegnete: immer schien mir ein Bruder in jedem verborgen. Doch lag es auch am Wesen meiner fünf Brüder selber […]. Ja, später geschah es, wenn ich mir selbst manchmal bedenklich vorkam, daß mich der Gedanke förmlich beruhigte, mit ihnen gleicher Herkunft zu sein.« [Lebensrückblick S. 43]

‹ *Die deutsch-reformierte Kirche in St. Petersburg (erbaut 1863–65; steht heute nicht mehr), an der Ecke Morskája [heute: ulica Gercena] und Mojka-Kanal*

»**D**ie evangelisch-*reformierten* Kirchen […] bildeten […] für die nicht eingeborenen […] Familien eine Art von Zusammenhalt des Glaubens, auch wenn man sonst ganz im Russentum aufging; deshalb enthielt mein Austritt aus der Kirche zugleich gewissermaßen eine gesellschaftliche Ächtung, unter der insbesondere meine Mutter arg litt. Von meinem Vater dagegen, der kurz zuvor gestorben war, wußte ich bestimmt, daß er, trotz noch tieferem Gram um den Unglauben seiner Tochter, doch deren Schritt gebilligt haben würde (obgleich gerade er der deutsch-reformierten Kirche insofern noch speziell eng verbunden war, als die Bewilligung zu ihrer Gründung einstmals durch ihn vom Kaiser erlangt worden war).« [Lebensrückblick S. 46]

◀ *Loljas Schulkameradinnen, April 1878 (wahrscheinlich Ende der Schulzeit)*

»**W**ie sich in jenen Jahren meine Geschlechtsgenossinnen mit dem Liebes- und Lebensproblem abgefunden haben, weiß ich nur von vereinzelten. Stand ich doch schon damals – ohne mir davon Rechenschaft ablegen zu können – in etwas anderer Haltung davor als sie. Zunächst wohl deshalb, weil das ›Langen und Bangen in schwebender Pein‹ jener Jahre so früh hinter mir lag durch Begegnung mit dem entscheidenden Menschen [d.i. Hendrik Gillot], durch den das Lebenstor recht eigentlich für mich aufsprang und nun eher ein knabenhaft Bereites als ein weiblich Anschmiegsames zurückließ.« [Lebensrückblick S. 39]

❮ *Lolja, etwa 17 Jahre alt; auf der Rückseite die handschriftliche Widmung:* »Meiner alten Herzens-Emmka von ihrer treuen Schwester & Freundin Lolja«

❮ *Hendrik Gillot, Prediger der holländisch-reformierten Kirche und Angehöriger der holländischen Gesandtschaft, etwa 1879*

»**D**ie Ihnen schreibt, Herr Pastor [d. i. Hendrik Gillot], ist ein siebzehnjähriges junges Mädchen, das mitten in seiner Familie und Umgebung einsam dasteht, einsam in dem Sinn als Niemand seine Ansichten theilt, geschweige denn den Drang nach umfassenderer Erkenntniß stillt. Vielleicht ist es meine ganze Denkungsweise, die mich von den meisten Altersgenossinnen und von unserem Kreise isolirt, – es giebt ja kaum etwas Schlimmeres für ein junges Mädchen hier, als in seinen Neigungen und Abneigungen, in seinem Wesen und in seinen Ansichten von der Regel abzuweichen – aber es ist [...] bitter so ganz allein zu stehen, weil man jene leichte, gefällige Art entbehrt, welche sich das Vertrauen und die Liebe der Menschen erwirbt und erbittet.« [Brief an Hendrik Gillot vom 13. 5. [1878]; zit. nach Lebensrückblick S. 318]

»**H**ier ereignete sich an einem *Menschen* die nämliche Allesenthaltenheit und nämliche Allüberlegenheit [wie beim ›Lieben Gott‹ vorher]. Aber dieser Gottmensch trat überdies als Gegner jeder Phantasterei auf, er vertrat erziehlich die uneingeschränkte Richtung auf klare Verstandesentwicklung, und ich gehorchte dem nur um so leidenschaftlicher, je schwerer es mir fiel, mich darauf umzustellen: förderte es doch mittels des Liebesrausches, der mich steigerte, die Einheimsung der Wirklichkeit (die er in sich darstellte und mit der ich allein bisher nicht zu Rande gekommen war).« [Lebensrückblick S. 28]

»Daß der erste, mir so ganz unerwartete Sturm vorüberging, ohne daß ich krank wurde, wundert mich eigentlich, ich bedurfte wirklich meine ganze moralische Kraft um mich aufrecht zu erhalten, und in den Tagen habe ich recht gefühlt, wie übrigens schon oft in meinem Leben, wie Gottes Kraft, wenn man ihm vertraut, in dem Schwachen mächtig ist; [...] Du meinst, Ljola leidet in meiner Seele mit, das glaube ich nun nicht, dann hätte sie Alles anders angefangen und bewiese es mir durch die That; Du bittest mich, liebevoll gegen sie zu sein, aber wie ist das möglich bei einem so starren Charakter, der immer und in Allem nur seinen Willen durchsetzt [...].« [Brief der Mutter an eine Verwandte, ca. Mitte 1879; zit. nach Lebensrückblick S. 223]

»Dieser Erzieher und Lehrer, erst heimlich besucht, dann von der Familie anerkannt, half mir unter anderm durchsetzen, daß er mich für weitere Studien in Zürich vorbereiten dürfe. So wurde er, sogar innerhalb seiner Strenge, ebenso geschenkreich wie der einstige ›göttliche Großvater‹, der nur immer Wünsche erfüllte: als würde er Herr *und* Werkzeug in Einem, Führer und Verführer zu meinen eigensten Absichten. Wieviel infolgedessen an ihm hängenbleiben mußte von einem Duplikat, Doppelgänger, revenant des Lieben Gottes, erwies sich erst an der Unmöglichkeit bei mir, die Liebessache real und menschlich zum Abschluß zu bringen.« [Lebensrückblick S. 28 f.]

❮ *Die holländisch-reformierte Kirche am Newski Prospekt (erbaut 1839), in der Hendrik Gillot predigte*

»[…] **i**n der Kapelle auf dem Newsky Prospekt fanden sowohl deutsche wie holländische Predigten statt. Während mein Freund meinetwegen viel zeitraubende Arbeit tat, kam's uns so manchesmal auch nicht drauf an, daß ich ihm dafür gelegentlich eine Predigt fertigstellte: *dann* allerdings verfehlte ich keinen Kirchenbesuch, brennend vor Neugier, ob die Zuhörenden (er war ein Redner ersten Ranges) sich genügend gepackt zeigten. Dies nahm ein Ende, weil ich mal, im Eifer der Produktion, mich hatte hinreißen lassen, anstatt eines Bibelwortes, ›Nam' ist Schall und Rauch‹ usw. zum Motto zu wählen; es trug ihm einen Rüffel vom Gesandten ein, den er mir mißvergnügt weitergab.«
[Lebensrückblick S. 30]

»**E**in Geständniß bin ich Dir dabei [beim Lesen alter Briefe] gleich aus Ehrlich-
keit schuldig: nämlich daß Du mir in diesen alten Urkunden unserer Jugend-
lichkeit ganz ungeheuer viel mehr imponirst, als ich mir. Bei Dir ist alles so
echt und normal und lieb. [...] Bei mir hingegen ist alles verrenkt und übertrie-
ben; zwar nicht aus bewußter Falschheit, sondern weil ich mich von
Sehnsüchten erfüllt fühlte, die ich nicht recht aussprechen konnte. Ich lebte
von etwas *hinter* unserm täglichen Erleben und wußte doch noch nicht recht,
was es war und wie ich es nennen sollte.« [Brief an Emma Flörke, im März
1900; unveröffentlicht]

»Durch Dich«, 1894/95; das Gedicht bezieht sich aller Wahrscheinlichkeit nach auf Hendrik Gillot

Durch dich.

Was nur das Leben faßt an Allgewalten —
Durch dich allein ergriff es mein Gemüt,
Zugleich in Leidenschaft und Händefalten,
Hab ich in dir vor Gott gekniet.

Durch dich allein auch ist die tiefste Wunde
Auf immer meinem Leben eingebrannt,
Da ich, in unvergeßlich dunkler Stunde,
Im Gott das Menschenbild erkannt.

Hab Dank für alles, was du mir gegeben!
Das Höchst' und Tiefste, das wir Menschen haben —
Durch dich ward's mein in schweigendem Erleben:
Den Gott zu schau'n — und zu begraben.

Lou Andreas-Salomé.

»**Als** der entscheidende Augenblick unerwartet von mir forderte, den Himmel ins Irdische niederzuholen [d.h., auf Gillots Heiratsantrag angemessen zu reagieren], versagte ich. Mit einem Schlage fiel das von mir Angebetete mir aus Herz und Sinnen ins Fremde. Etwas, das *eigene* Forderungen stellte, etwas, das nicht mehr nur den meinigen Erfüllung brachte, sondern diese im Gegenteil bedrohte, ja die mir gerade durch ihn gewährleistete geradegerichtete Bemühung zu mir selbst umbiegen wollte und sie der Wesenheit des Andern dienstbar machen – hob blitzähnlich den Andern selber für mich auf.« [Lebensrückblick S. 29]

❮ *Santpoort, Kirche*

»**V**or meiner Abreise […] konnte ich wegen meines Austritts aus der Kirche von den russischen Behörden keinen eignen Paß erlangen. Da schlug er [Hendrik Gillot] vor, mir in einem holländischen Dorfkirchlein, wo ein Freund von ihm amtierte, selber einen Einsegnungsausweis zu erwirken. Wir waren bei dieser seltsamen Feier, die genau nach meinen Angaben hergerichtet wurde und die an einem gewöhnlichen Sonntag zwischen den Bauern der Umgebung im wunderschönen Monat Mai stattfand, beide ergriffen: galt es doch nun die Trennung voneinander – die ich fürchtete wie den Tod.« [Lebensrückblick S. 30 ff.]

AUFBRUCH IN DIE WELT
⟨1880–1886⟩

Mit der Konfirmation und dem dadurch erlang-
ten russischen Reisepaß war für Lou von Salomé
der Weg in ein neues Leben frei. Sie hatte sich
für Zürich entschieden, weil ihr Taufpate
Emanuel Brandt mit seiner Familie dort lebte.
Außerdem war die Zürcher Universität eine der
wenigen, die bereits damals Frauen zum Studium zuließen.

Da Lou von Salomé keinen Schulabschluß vorweisen konnte, der sie zur Immatrikulation berechtigt hätte, mußte sie sich einer Aufnahmeprüfung unterziehen, die von Alois Biedermann, ihrem Hauptprofessor, abgenommen wurde. Dieser bedeutendste freiprotestantische Theologe seiner Zeit hegte von Anfang an tiefe Sympathie für Lou und hatte große Hochachtung vor ihren intellektuellen Fähigkeiten. Weitere philosophische Fächer belegte sie bei Andreas Ludwig Kym und Richard Avenarius, einem Spinoza-Spezialisten. Bei Gottfried Kinkel studierte sie Kunst- und Kulturgeschichte. Ihm, der durch das romantisch-mittelalterliche Versepos »Otto der Schütz« bekannt geworden war, zeigte sie ihre Gedichte, die zum Teil schon in St. Petersburg entstanden waren.

Das Studium betrieb Lou von Salomé mit solcher Besessenheit, daß sie es nach knapp einem Jahr aus gesundheitlichen Gründen aufgeben mußte. Diverse Kuraufenthalte, bei denen ihr Lungenbluten kuriert werden sollte, brachten keine Besserung. Schließlich wandten sich Lou von Salomé und ihre Mutter im März 1882 nach Rom, wo sie – auf ein Empfehlungsschreiben von Gottfried Kinkel hin – von Malwida von Meysenbug, der »Idealistin« und frühen Kämpferin für Frauenrechte, empfangen wurden.

In Malwida von Meysenbugs Salon lernte Lou von Salomé Paul Rée kennen. In intensiven Gesprächen und Diskussionen fanden sich zwei verwandte Seelen, die sich mit der gleichen Leidenschaft der Philosophie und den angrenzenden Wissenschaften widmeten. Einem nächtlichen Traum Lou von Salomés folgend, wollten sie eine Wohn- und Arbeitsgemeinschaft eingehen. Um der Verwirklichung dieses Plans den Weg zu ebnen, hielt Paul Rée ohne Lous Wissen bei Frau von Salomé um ihre Hand an.

Lou reagierte entsetzt. Nach dem Erlebnis mit Hendrik Gillot hatte sie mit dem Gedanken an eine Ehe abgeschlossen. Paul Rée fügte sich und brachte als weiteren Partner für die Gemeinschaft seinen Freund Friedrich Nietzsche ins Spiel. Nach einigem Hin und Her kam dieser ebenfalls nach Rom und war von dem Plan der »Dreieinigkeit« begeistert. Auch er versuchte es zuerst mit einem Heiratsantrag – und wurde ebenfalls abgewiesen.

Von der geplanten Lebens- und Arbeitsgemeinschaft, die mit den Konventionen brach, war weder Lous Familie begeistert noch Malwida von Meysenbug, die Paul Rée und Friedrich Nietzsche als ihre Adoptivsöhne ansah und auch Lou von Salomé gerne als ihre Pflegetochter betrachtet hätte. Aber Lou ließ sich nicht beirren – auch nicht von einem Brief des eilends um Hilfe gebetenen Hendrik Gillot.

Ende April 1882 verließ man Rom. Nach einem kurzen Aufenthalt am Orta-See, wo Lou allein mit Friedrich Nietzsche einen geheimnisumwobenen Spaziergang auf den Monte Sacro unternahm, und nach einigen Zwischenstationen – in Luzern wiederholte Nietzsche seinen Heiratsantrag vergeblich –, durfte Lou von Salomé den Sommer auf Stibbe, dem westpreußischen Familiensitz der Rées, verbringen.

Von dort aus besuchte sie Ende Juli unter der Obhut von Nietzsches Schwester Elisabeth die Festspiele in Bayreuth. Danach trafen sich Lou und Nietzsche im thüringischen Tautenburg und arbeiteten miteinander – immer wieder unterbrochen von Krankheitsperioden Nietzsches. Nietzsche führte Lou von Salomé in seine Philosophie ein, und Lou war fasziniert, war sich aber klar darüber, daß sie nie seine Schülerin sein würde. Nietzsche dagegen pflegte diese Vorstellung und war unter anderem von Lou von Salomés »Hymnus an das Leben« so begeistert, daß er ihn vertonte.

Unterdessen beobachtete Elisabeth Nietzsche den vertrauten Umgang der beiden mit Mißgunst und versuchte in der Folgezeit, die Beziehung zu zerstören. Noch Jahre später setzte sie alles daran, Lou zu schaden. Friedrich Nietzsche ließ sich – empfindsam, wie er war – von ihr beeinflussen. Ende 1882 fanden die gegenseitigen Schuldzuweisungen, ironischen Bemerkungen und Entschuldigungen ihren Abschluß in einem endgültigen Bruch. Paul Rée schirmte Lou von Salomé in liebevoller Fürsorge ab, so gut es ging, und scharte in Berlin, wo sie nun doch eine gemeinsame Wohnung bezogen hatten, seine engsten Freunde zu einem »philosophischen Kränzchen« zusammen.

Zu diesem Kreis gehörten unter anderen der Literaturhistoriker Georg Brandes, der Historiker Hans Delbrück, der Philosoph und Übersetzer Paul Deußen, Johannes Gildemeister (wahrscheinlich ein Verwandter des bekannten Übersetzers Otto Gildemeister), der Altphilologe W. Halbfaß, der Staatsanwalt Max Heinemann, der Soziologe Ferdinand Tönnies und der Psychologe Hermann Ebbinghaus. Mehr als einer dieser Herren nahm Lou von Salomés intellektuelle Leidenschaftlichkeit wahr – und verliebte sich in sie. Lou jedoch ließ sich auf nichts ein.

Dieser Kreis, und vor allem die tiefe Freundschaft zu Paul Rée, blieb über Jahre erhalten. Als Lou von Salomé im Herbst 1886 allerdings den Iranisten Friedrich Carl Andreas kennenlernte und sich am 1. November mit ihm verlobte, konnte Paul Rée nicht glauben, daß sich an ihrem Verhältnis zueinander nichts ändern würde. Vielleicht konnte er auch die Vorstellung nicht ertragen, daß sein geliebtes »Schneckli« nun einem anderen

Mann gehören sollte – denn die Wahrheit, daß Lou von Salomé eine sexuelle Beziehung zu ihrem Mann von vornherein ausgeschlossen hatte, kannte er nicht.

Paul Rée brach zum Zeitpunkt von Lous Heirat den Kontakt mit ihr ab. Seine Liebe schlug um in Haß. Nach dem Ende seines Medizinstudiums arbeitete er in Stibbe und danach in Celerina (Schweiz) als Armenarzt. Ende Oktober 1901 stürzte er in den Bergen ab und starb. Lou Andreas-Salomé konnte den Verlust des Freundes nie verwinden und fühlte sich lebenslang schuldig an seinem Tod.

◄ *Zürich, alte und neue Universität, etwa 1930; die alte Universität, an der Lou von Salomé studierte, ist das Eidgenössische Polytechnikum [links; gegründet 1832, erbaut 1861–1864], die Universität des Kantons Zürich entstand erst 1911–1914*

»**W**ährend meines Studiums in Zürich, bei dessen Beginn die Ermordung Alexanders II. durch Nihilisten – 1881 – von russischen Studenten mit Fackelumgängen und unter lärmender Exaltation gefeiert wurde, kannte ich von meinen Mitstudentinnen, fast ausschließlich Medizinerinnen, noch keine persönlich. Auch glaubte ich, daß sie ihr Studium ganz vorwiegend als politischen Deckmantel für ihren Auslandsaufenthalt benutzen mochten […]. Doch irrte ich mich gründlich.« [Lebensrückblick S. 62 f.]

◀ Alois Biedermann, etwa 1880, mit handschriftlicher Widmung auf der Rückseite: »Frl. Salomé zum freundlichen Andenken Biedermann Prf.«

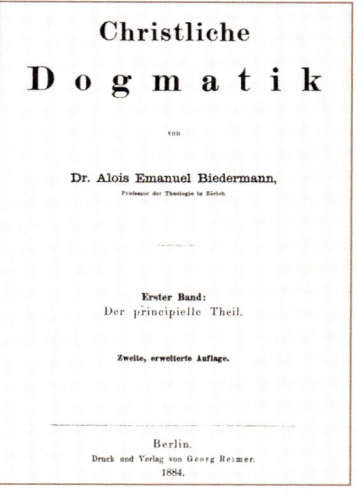

◀ Alois Biedermann »Christliche Dogmatik«, 1869, mit der Widmung: »Fräulein von Salomé als Andenken u. Band herzlicher Freundschaft. Der Verf.« und »Der Geist erforschet alle Dinge, auch die Tiefen der Gottheit. 1 Cor. 2,10«

»Ihr Fräulein Tochter ist ein weibliches Wesen ganz ungewöhnlicher Art: von kindlicher Reinheit und Lauterkeit des Sinns und zugleich wieder von unkindlicher, fast unweiblicher Richtung des Geistes und Selbständigkeit des Willens und in beidem ein *Demant*.« [Brief Alois Biedermann an Lous Mutter vom 7. 7. 1883; Lebensrückblick S. 239]

❮ *Gottfried Kinkel, etwa 1880; auf seine Empfehlung hin wurde Lou in Rom von Malwida von Meysenbug empfangen*

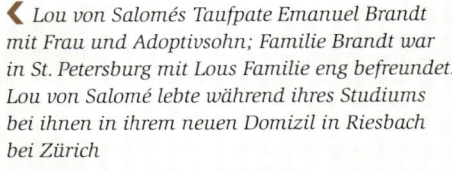

❮ *Lou von Salomés Taufpate Emanuel Brandt mit Frau und Adoptivsohn; Familie Brandt war in St. Petersburg mit Lous Familie eng befreundet. Lou von Salomé lebte während ihres Studiums bei ihnen in ihrem neuen Domizil in Riesbach bei Zürich*

»**H**ochgeehrtes Fräulein, [...] Ihre Gedichte sind stark und schön, voll edler und tiefer Empfindung. Ich halte ›Wellenrauschen‹, ›Todesbitte‹ und ›An den Schmerz‹, und das tiefsinnige ›Es war ein Gott‹ für die bedeutendsten. Technisch fehlt es noch: ich glaube, man darf Reime wie fallen – Qualen nicht mehr wagen. Doch ist Reinheit der Reime ein bestrittener Punkt, die meisten Leser achten wohl nicht darauf.« [Brief von Gottfried Kinkel vom 21. 9. 1881; Dokumente S. 85]

»**M**ein liebes Fräulein, Als ich, nach fünfwöchiger Abwesenheit wieder heimgekehrt, gestern Nachmittag die lieben Freunde in der Villa Brandt besuchen wollte, habe ich Sie leider nicht getroffen, vielmehr die beunruhigende Kunde erhalten, daß Sie [...] durch Ihren Gesundheitszustand genöthigt worden seien, nun noch eine Kaltwasserkur in Albisbrunn zu machen [...] Ich fühle es vollständig für Sie mit, wie peinlich es für Sie sein muß, sich so in dem, worein Sie mit so viel Energie den Schwerpunkt Ihres Lebensinteresses gelegt hatten, gehemmt, ja unterbrochen zu sehn.« [Brief von Alois Biedermann vom 20. 9. 1881; Dokumente S. 83 f.]

»**S**chon am selben Abend wie von da ab täglich, fanden unsere eifrigen Unterredungen [von Paul Rée und Lou von Salomé], erst ihr Ende beim Nachhause-
gehn auf Umwegen: von Malwidas Via della Polveriera in die Pension, wo
meine Mutter mit mir abgestiegen war. Diese Gänge durch die Straßen Roms
im Mond- und Sternenschein brachten uns einander bald so nahe, daß sich in
mir ein wundervoller Plan zu entwickeln begann, wie wir dem Dauer verleihen
könnten, auch nachdem meine Mutter, die mich von Zürich nach dem Süden
zur Erholung gebracht hatte, heimgereist sein würde.« [Lebensrückblick S. 75 f.]

◂ *Malwida von Meysenbug*

◂ *Friedrich Nietzsche, 1882*

»**Al**s Sie mir zuerst entgegen kamen, war es mir, als sähe ich meine eigene Jugend auferstehn und als wüßte ich nun, daß ich selbst, in meiner eigensten Natur, fortarbeiten würde an der Aufgabe der mein Leben geweiht gewesen ist [...]. Daß der freiere, edlere Verkehr der Geschlechter in der Jugend, eine nothwendige Bedingung edlerer Verhältnisse überhaupt sei, ist meine feste Überzeugung [...]. Das aber gerade sollte streng vermieden werden, daß man unsere Art und Weise noch mit jener der alten Welt verwechseln kann.« [Brief von Malwida von Meysenbug vom 25. 5. 1882; Dokumente S. 111]

»**Es** konnte nicht fehlen, daß in Nietzsches Wesen und Reden mich gerade etwas von dem faszinierte, was zwischen ihm und Paul Rée weniger zu Worte kam. Schwangen doch für mich dabei Erinnerungen oder halb unwissentliche Gefühle mit, die aus meiner allerkindischsten und doch persönlichsten, unvernichtbaren Kindheit herrührten. Nur: es war zugleich eben *dies,* was mich nie hätte zu seiner Jüngerin, seiner Nachfolgerin werden lassen.« [Lebensrückblick S. 84 f.]

»Ihren Brief hab ich gewiß schon 5 Mal gelesen, aber kapirt hab ich ihn noch immer nicht. Was, in Dreiteufelsnamen, hab ich denn verkehrt gemacht? Ich dachte ja, Sie würden grade jetzt des Lobes voll über mich sein. Weil ich doch nun grade dabei bin zu beweisen, wie gut ich seinerzeit meine Lektion bei Ihnen gelernt habe. Erstens indem ich doch ganz und gar nicht einer bloßen Phantasie nachhänge, sondern sie verwirklichen werde, und zweitens, indem es durch Menschen geschehen soll, die wie direkt von Ihnen ausgesucht erscheinen, nämlich vor lauter Geist und Verstandesschärfe schon fast platzen.«
[Brief an Hendrik Gillot vom 26. 3. 1882; Lebensrückblick S. 77]

❮ *Paul Rée, 1876*

❮ *Sentenz von Johann Wolfgang Goethe, für Lou aufgeschrieben von Friedrich Nietzsche*

Uns des Halben zu entwöhnen Um im Ganzen, Vollen, Schönen Resolut zu leben.

Goethe.

»**Ich** hatte übers Bett einen biblischen Spruchkasten bekommen, worin 52 Sprüche jahrüber zu wechseln waren, und als mit der Zeit I. Thess. 4, 11 an den Ausguck gelangte, hielt ich diesen Spruch dauernd darin fest: ›Ringet darnach, daß ihr stille seid, und das Eure schaffet, und arbeitet mit euren eigenen Händen.‹ Einen Grund hätte ich damals wohl nicht dafür angeben können. […] Der letzte Beweis dafür fand noch nach meiner Übersiedlung ins Ausland statt […]; da schlug er auch *die* Umänderung aus dem Felde, die Nietzsche mit ihm vornahm, als er davon hörte: ihn zu ersetzen durch das Goethesche: ›Uns des Halben zu entwöhnen, um im Ganzen, Vollen, Schönen resolut zu leben.‹ Das befindet sich noch heute [ca. 1931] handschriftlich hinter dem vergilbten Druck.« [Lebensrückblick S. 20 f.]

»**N**un, meine liebe liebe Lu [sic!], *sei versichert, daß Du der einzige Mensch auf der Welt bist, den ich lieb habe*, und denke nicht, daß dies nicht viel sagen will, denn vielleicht übertrage ich auf Dich alle die Liebe, welche ich den übrigen Menschen vorenthalte. Das klingt wieder bedenklich, – aber auf Grund unserer berühmten Sentenz [vgl. links] sind wir feuer- u. bombenfest.« [Brief von Paul Rée vom 16. 5. 1882; Dokumente S. 116]

»Meine liebe Freundin, das haben Sie mir recht *nach dem Herzen* (und auch nach den Augen) geschrieben! Ja, ich glaube an Sie: helfen Sie mir, daß ich immer an mich selber glaube und unserm Wahlspruch [vgl. links] und Ihnen Ehre mache.« [Brief von Friedrich Nietzsche vom 28. 5. 1882; Dokumente S. 125]

❮ *Heinrich von Stein*

❮ *Malwida von Meysenbug an ihrem Schreibpult in Rom*

»**A**uch Malwida ist gegen unsern Plan, und dies thut mir ja leid, denn ich habe sie riesig lieb. Aber mir ist doch schon seit längerm klar, daß wir im Grunde stets Verschiedenes meinen, selbst wo wir übereinstimmen. Sie pflegt sich so auszudrücken: dies oder jenes dürfen ›wir‹ nicht thun, oder müssen ›wir‹ leisten, – und dabei hab ich doch keine Ahnung, wer dies ›wir‹ eigentlich wohl ist, – irgend eine ideale oder philosophische Parthei wahrscheinlich, – aber ich selber weiß doch nur was von ›ich‹.« [Brief an Hendrik Gillot vom 26. 3. 1882; Lebensrückblick S. 78]

»**D**aß Du Stein noch goutirst, freut mich. Ich möchte Euch wohl disputiren hören. Übrigens zweifele ich durchaus nicht daran, daß Du ihm über bist, theils schon so, theils weil Deine Sache wahr, die Seine falsch ist. Daß die Philosophie Gemüthsbeschaffenheit sei ist ja schwer verständlicher Unsinn. Er zeigt, in welchem Zustande sich die Philosophie noch befindet.« [Brief von Paul Rée vom 3. oder 4. 8. 1882; Dokumente S. 172]

❮ *Die »heilige Dreieinigkeit«: Lou von Salomé, Paul Rée und Friedrich Nietzsche, 1882; die Kulisse im Hintergrund stellt die Jungfrau dar, einen Berg in den Berner Alpen, der auch in Lou von Salomés Kindheitserinnerungen eine Rolle spielt*

»**O**h der schlechte Fhotograph! Und doch: was für ein lieblicher Schattenriß sitzt da auf dem Leiterwägelchen!« [Brief von Friedrich Nietzsche vom 28. 5. 1882; Dokumente S. 126]

»**B**ild gestern angelangt. N. ist vorzüglich getroffen. Du und ich abscheulich, können uns um den Preis der Häßlichkeit streiten.« [Brief von Paul Rée vom 14. o. 15. 6. 1882; Dokumente S. 144]

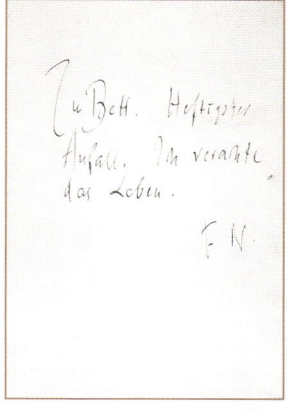

»In Nietzsches Gedankenkreis kam ich hier [in Tautenburg] viel tiefer hinein als in Rom oder unterwegs: von seinen Werken kannte ich noch nichts außer der ›Fröhlichen Wissenschaft‹, die er noch in letzter Arbeit hatte und aus der er uns schon in Rom vorlas: in Unterredungen solcher Art nahmen sich Nietzsche und Rée die Worte vom Munde, gehörten seit langem in die gleiche Geistesrichtung, oder jedenfalls seit Nietzsches Abfall von Wagner. [...] An Nietzsche fühlte man aber bereits, was ihn über seine Aphorismensammlungen hinaus und dem ›Zarathustra‹ entgegenführen sollte: die tiefe Bewegung des Gottsuchers Nietzsche, der von Religion herkam und auf Religionsprophetie zuging.« [Lebensrückblick S. 83 f.]

»Zu Bett. Heftigster Anfall. Ich verachte das Leben. F. N.«

◀ *Sogenanntes »Stibber Nestbuch«, Sentenzen von Lou von Salomé mit Friedrich Nietzsches Korrekturen*

◀ *Friedrich Nietzsches Schwester Elisabeth*

»Von dem Plane, mein Lehrer zu sein, ist er ganz abgekommen, er sagt, ich dürfe nie einen solchen Anhalt haben, sondern [müsse] gänzlich unabhängig vorwärtssuchen, – auch niemals mich blos lernend verhalten, sondern schaffend lernen & lernend schaffen. – Seltsam, daß wir unwillkürlich mit unsern Gesprächen in die Abgründe gerathen, an jene schwindligen Stellen, wohin man wohl einmal einsam geklettert ist um in die Tiefe zu schauen. Wir haben stets die Gemsenstiegen gewählt und wenn uns Jemand zugehört hätte, er würde geglaubt haben, zwei Teufel unterhielten sich.« [Tagebuch 18. 8. 1882; Dokumente S. 184 f.]

»Leider hat sich meine Schwester zu einer Todfeindin L[ou]'s. entwickelt, sie war voller moralischer Entrüstung von Anfang bis Ende und behauptet nun zu wissen, was an meiner Philosophie ist. Sie hat an meine Mutter geschrieben, sie habe in Tautenb[urg] meine Philosophie in's Leben treten sehen und sei erschrocken: ›ich liebe das Böse, *sie* aber liebe das Gute. Wenn sie eine gute Katholikin wäre, so würde sie in's Kloster gehen und für all das Unheil büßen, was daraus entstehen werde.‹ Kurz, ich habe die Naumburger ›Tugend‹ gegen mich, es giebt einen wirklichen *Bruch* zwischen uns […].« [Brief Friedrich Nietzsche an Franz Overbeck etwa Mitte September 1882; Dokumente S. 229]

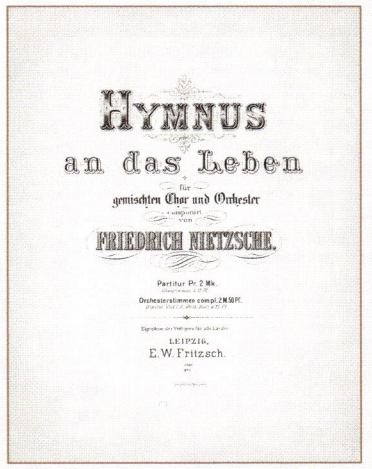

◄ »Hymnus an das Leben«, Text von Lou von Salomé, Vertonung von Friedrich Nietzsche; der Text entspricht demjenigen des Lebensgebets, das auf S. 185 abgedruckt ist

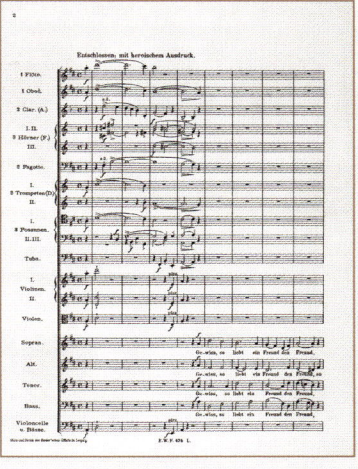

»In Naumburg kam wieder der Dämon der Musik über mich – ich habe Ihr Gebet an das Leben componirt; und meine Pariser Freundin Ott, die im Besitz einer wundervoll starken und ausdrucksreichen Stimme ist, soll es Ihnen und mir einmal *vorsingen*.« [Brief von Friedrich Nietzsche etwa 1. 9. 1882; Dokumente S. 224]

»Endlich, um nochmals auf die Grundstimmung Ihrer Musik zurückzukommen: sie klingt mir christlich; ja, ich würde, wenn Sie mir die Musik ohne Text mitgetheilt hätten, sie für einen Kreuzfahrer-Marsch gehalten haben, – christlich-kriegerisch; bei den nicht seltenen schrillen Dissonancen habe ich die Vorstellung an einander prallender Schilde. […] es kommt da eine gegnerische feindsuchende, kriegerische Empfindung zum Ertönen.« [Brief Peter Gast an Friedrich Nietzsche vom 4. 9. 1882; Dokumente S. 452]

❮ *Die Mutter, etwa 1883* ❮ *Nietzsche-Haus in Sils Maria, Oberengadin*

»*Gesetz und Zwang* sind nie gegen meine Tochter in Anwendung gebracht worden, selten ist wohl einem jungen Mädchen Alles so nach Wunsch und Willen gegangen, wie ihr, ob aber sie ihr wahres Glück in diesem vollkommen freien Leben finden wird, das muß sich erst in der Zukunft zeigen; ich wünsche es ihr von ganzem Herzen, und will die Opfer die damit verbunden waren und immerhin schwere und harte Kämpfe gekostet haben, nicht in Anschlag bringen und mich zufrieden geben.« [Brief von Lous Mutter an Friedrich Nietzsche vom 10. 11. 1882; Dokumente S. 245]

»**V**iel später stand Nietzsche wohl selber unwillig zu den von ihm veranlaßten Gerüchten; denn wir erfuhren durch Heinrich von Stein, der uns nahestand, folgende Episode aus Sils Maria, wo er Nietzsche einmal besucht hat (nicht ohne unser Einverständnis damit erst eingeholt zu haben). Er plädierte vor Nietzsche für die Möglichkeit, die entstandenen Mißverständnisse zwischen uns Dreien zu beseitigen; doch Nietzsche antwortete kopfschüttelnd: ›*Was ich getan, das kann man nicht verzeihen.*‹ « [Lebensrückblick S. 85 f.]

❮ *»Friedrich Nietzsche in seinen Werken«, 1894; Titelseite der Erstausgabe und Widmungsseite der Korrekturfahne*

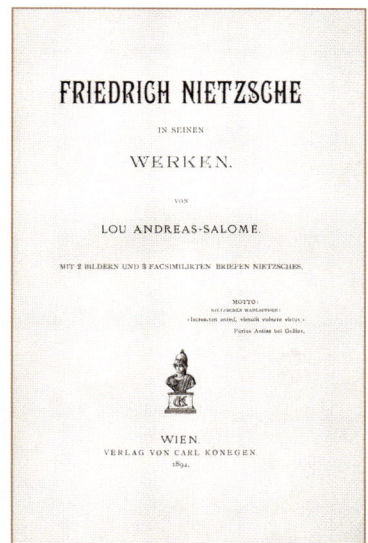

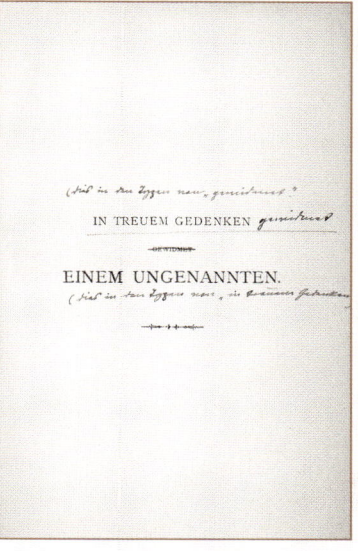

»**N**eulich las ich eine lange Abhandlung über Nietzsche von ›Lou‹ in der Voss[ischen] Zeitung man hatte mir den Artikel leihweise geschickt. Besser und tiefer Empfundenes und Aufgefasstes ist nie über N[ietzsche] geschrieben worden, hier ist ganz was andres als bei dem koketten Herrn Brandes. Sie sollte es zusammengedruckt erscheinen lassen; man kann, wenn man die Schriften N[ietzsche]'s schon *kennt*, sich einen bessern Überblick von einer überschauenden Höhe kaum wünschen.« [Brief Erwin Rohde an Franz Overbeck vom 13. 3. 1891; dies.: Briefwechsel, S. 148]

Paul Deussen

Paul Deussen »Das System des Vedânta«, 1883

DAS

SYSTEM DES VEDÂNTA

NACH DEN

BRAHMA-SÛTRA'S DES BÂDARÂYANA

UND DEM

COMMENTARE DES ÇANKARA ÜBER DIESELBEN

ALS EIN

COMPENDIUM DER DOGMATIK DES BRAHMANISMUS

VOM STANDPUNKTE DES ÇANKARA AUS

DARGESTELLT VON

DR. PAUL DEUSSEN

PRIVATDOCENTEN DER PHILOSOPHIE AN DER UNIVERSITÄT ZU BERLIN.

LEIPZIG:
F. A. BROCKHAUS.
1883.

»Es wurde ein philosophisches Kränzchen arrangiert, an welchem außer Lou, Rée und mir auch noch Dr. Romundt und später Heinrich v. Stein, Privatdozent der Universität, teilnahmen. Inzwischen schrieb Lou ihren Roman: ›Im Kampf um Gott‹. Er erschien im Dezember 1884, und ich war einer der ersten, welchen sie das Buch schenkte. Ich [...] las das Buch und muß gestehen, daß über dem Lesen meine Liebe zu Lou in hellen Flammen entbrannte. Dieses Werk, in welchem verschiedene Selbstmorde, Ehebrüche usw. vorkommen, wird verschieden beurteilt. Mein Freund Ebbinghaus behauptete, das seien ›Nonnenphantasien‹, ich fand in dem Buche viel Geist und in den Geist verliebte ich mich.« [Deussen 1922, S. 221]

»Es ist das vortreffliche Buch von Paul Deussen ›Das System des Vedanta [...]‹, in dem der Verfasser seinen Gegenstand zwar objektiv darstellt und interpretiert, ihn aber zugleich von seinem eigenen Standpunkte aus beurtheilt. Es ist unmöglich, in Nietzsches seit 1883 verfassten Schriften den Einfluss dieses Buches zu verkennen [...]« [Nietzsche-Buch S. 275, Anm.]

Lou von Salomé mit zwei Mitgliedern des philosophischen Kränzchens; links wahrscheinlich Johann Gildemeister

»**U**nd nun verwirklichte sich die geträumte Gemeinschaft im ganzen Ausmaße in einem Kreis junger Geisteswissenschaftler, vielfach Dozenten, der im Verlauf mehrerer Jahre bald sich ergänzte, bald an Zugehörigen wechselte. Paul Rée hieß in diesem Kreis ›die Ehrendame‹ und ich ›die Exzellenz‹, wie in meinem russischen Paß, wo ich nach russischer Sitte als einzige Tochter des Vaters Titel erbte. Sogar, wenn wir sommers Berlin verließen, kamen für die Universitätsferien von unsern Freunden etwelche nach.« [Lebensrückblick S. 86]

❮ *Hermann Ebbinghaus*

❮ *Ferdinand Tönnies, 1877*

»**M**ein geliebtester Kamerad. Diesmal stöhne ich Ihnen Nichts vor; im Gegentheil, ich male grade an einigen höchst reizenden Bildern *couleur rose* u. höre zwischendurch auf die noch immer fortsummenden Erzählungen von Hand u. Arm. Leider habe ich mich durch die letzteren im Moment unseres Abschieds so sehr einlullen lassen, daß mir die Ungeheuerlichkeit des Zugeständnisses, welches ich Ihnen dabei machte, erst jetzt zum Bewußtsein kommt. Vier volle Tage müssen verfließen, ehe ich Sie wieder ohne Maske [i. e. allein] sprechen darf? Fast unmöglich.« [Brief von Hermann Ebbinghaus (Ende Dezember 1882); unveröffentlicht]

»**B**eide [Lou und Paul Rée] waren schwer verzankt mit ihrem ehemaligen Freunde Nietzsche; dies wurde auch Ursache, daß ich nicht in der Lage war, Nietzsches persönliche Bekanntschaft zu machen, obwohl ich zuletzt von jenen beiden mich getrennt hatte und einige Tage in Sils-Maria verweilte, wo ich mehrmals dem Einsiedler begegnet bin und den stechenden Blick seiner schwachen Augen auf mich gerichtet fand.« [Tönnies 1922, S. 214]

◄ *Tegernsee, etwa 1919; im Jahr 1884 verbrachte die Familie Gillot ihre Sommerferien in St. Quirin am Tegernsee; Lou und Paul Rée haben sie dort besucht*

»**O**ftmals auch lasse ich mich mit Rée hinüberrudern und verbringen wir den Abend plaudernd bei Gillots, bis uns der hochsteigende Mond nach Hause ruft. Es gewährt mir ein eigenartiges Vergnügen, die beiden Männer miteinander zu sehen, Vergangenheit und Gegenwart verweben sich dann seltsam in meiner Phantasie und ich fühle mich sehr glücklich. Sie haben einen sehr herzlichen Ton zu einander und es sieht hübsch aus, wenn Gillot in seiner warmen Weise seinen Arm um Rée's Schultern schlingt und sein Gesicht mit dem energischen Schnitt und dem heitern, sarkastischen Munde von Rée's scharfgeschnittenen, treuherzigen dunklen Zügen [...]« [Briefbruchstück; Lebensrückblick S. 247]

Lou von Salomé, Paul Rée (links) und Max Heinemann (rechts), 1885 in Pontresina im Oberengadin

Kirche von Celerina, Oberengadin

»**A**ls besonders beglückend erinnere ich mich eines Sommers in Celerina im Oberengadin, wo wir gemeinsam bei Müllersleuten hausten und wo erst im tiefen ersten Schnee des Spätherbstes Paul Rée und ich südwärts fuhren; noch gab es keine Bahn über Landquart, und so nahm uns ein Postlandauer, der winters den Omnibus abzulösen hatte, als einzige Passagiere auf; so ungestört langsam (wie wir es den heutigen Privat-Autoleuten vorwegnehmen konnten) fuhren wir bis Meran-Bozen hinunter, nach Belieben verweilend bei Sonnen- oder Mondenschein.« [Lebensrückblick S. 86 f.]

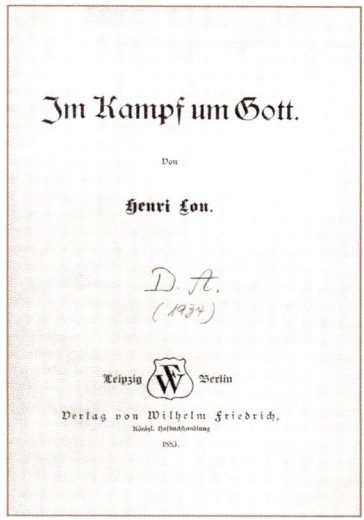

◀ *Henri Lou (Lou von Salomé)*
»Im Kampf um Gott«, 1885

◀ *Paul Rée im Alter*

»Lieber Overbeck! endlich schicke ich Ihnen, beifolgend, das Buch zurück das Sie mir im Sommer schickten. Ich habe es mit vielem Interesse gelesen. Bei allen großen Fehlern des Romans – seiner Leiblosigkeit und gespensterhaften Geistigkeit etc. – zieht er doch sehr an durch die reine Flamme der Innigkeit, der Wahrheit des Gefühls, die überall hervorschlägt. Aber eine schreckliche Melancholie, nicht abgeschwächt durch den forcirten Lebenswillen, der eigentlich das Thema des Ganzen ist, geht von allen Blättern aus! wirklich etwas wie es in Nietzsches späten Sachen sich regt, schauriger als der schwärzeste Pessimismus, ein unterdrücktes Weinen bei angenommener – als *Heilung* angenommener – Starkmüthigkeit.« [Brief Erwin Rohde an Franz Overbeck vom 8. 11. 1891; dies.: Briefwechsel, S. 151 f.]

»Das hauptsächliche Erlebnis dieses Spätherbstes war für mich eines, über das ich wochenlang nicht hinwegkam und zwar aus ziemlich schauerlichen Gründen, die sich nur mündlich erzählen lassen. Es war Rée's Tod; Du lasest wohl, daß er abstürzte, in Celerina (Oberengadin), wo wir die Sommer verbrachten und wo er seit Jahren ganz einsam Winter und Sommer lebte. Ich lebte eine Zeitlang nur in den alten Briefen und vieles wurde mir klar, alles Vergangene wurde spukhaft lebendig. Mein Haupteindruck wurde: zu viel! zu viel hab ich gehabt! zu viel des Guten und Reichen für ein Menschenschicksal. Es macht demüthig.« [Brief an Frieda von Bülow (Ende November 1901); unveröffentlicht]

FRAUENWEGE 《1886–1897》

Friedrich Carl Andreas war vom ersten Augenblick an überzeugt, mit Lou von Salomé die richtige Frau gefunden zu haben. Lou reagierte zunächst, wie schon früher in ähnlichen Situationen, ablehnend. Auf Dauer konnte sie sich jedoch der persönlichen Ausstrahlung und inneren Kraft ihres Verehrers nicht entziehen.

So gab sie nach einer turbulenten Werbungszeit nach und heiratete den um 15 Jahre Älteren im Juni 1887. In einem Punkt blieb sie allerdings bis zu ihrem Lebensende fest: Es gab keine sexuelle Beziehung zwischen den beiden Eheleuten. Andreas muß zu Beginn gedacht haben, daß diese Weigerung in ihrer Unerfahrenheit begründet wäre, und unternahm etliche Versuche, sie zu durchbrechen. Aber nichts half, und er fügte sich.

Die Trauung wurde von Hendrik Gillot in der kleinen Kirche in Santpoort vollzogen, in der schon Lous Konfirmation stattgefunden hatte. Obwohl Gillot sich weigerte, setzte Lou alles daran, ihn zu diesem Schritt zu zwingen – und opferte auf diese Weise der Ehe mit Andreas nicht nur die Freundschaft mit Paul Rée, sondern auch die letzten Fäden der Verbundenheit mit dem Freund und Lehrer ihrer Jugend.

Friedrich Carl Andreas führte die bislang ausschließlich in Philosophie und rationalem Denken geschulte Lou in die zeitgenössische Literatur ein. Neben Henrik Ibsens Werken brachte er ihr auch die deutschen Naturalisten nahe, die er persönlich kannte und die das Ehepaar Andreas gerne in ihren Kreis aufnahmen. Man diskutierte viel, traf sich in Berlin im »Schwarzen Ferkel« oder bei Bölsches in Friedrichshagen. Ab 1892 war das Ehepaar Andreas Mitglied des Vereins der Freien Bühne.

Lou war in ihrer Ehe glücklich, wie die Briefe an ihre Kusine Emma Flörke zeigen. Sie fühlte sich wohl in ihrer neuen Rolle und litt sehr, als Andreas aufgrund von Intrigen – wie Lou meinte – seine Stelle am neu gegründeten Orientalischen Seminar der Universität Berlin nach drei Semestern wieder verlor.

Nach etwa drei Ehejahren wurde ihre kleine Welt massiv erschüttert. Ein neues Mitglied im Friedrichshagener Kreis – der Politiker Georg Ledebour – hatte sich in Lou verliebt und glaubte sich mit seiner Werbung im Recht, da er Lous Unerfahrenheit in sexueller Hinsicht spürte. Im panischen Schrecken um seine Mitwisserschaft gelang es Lou nicht, sich über ihre Gefühle für Ledebour klar zu werden. Sie wußte nur, daß sie die Ehe mit Andreas nicht lösen konnte und daß sie jedes Zusammentreffen der beiden Rivalen wegen Andreas' heftiger Eifersucht vermeiden mußte.

Mit Andreas' Weigerung, Lou freizugeben, und Ledebours gleichzeitigem Beharren auf seiner Werbung war die Situation so verfahren, daß Lou und Andreas einen gemeinsamen Selbstmord planten: »Zwei Menschen wurden voll der gleichen Ratlosigkeit und Verzweiflung.« Nur durch Ledebours Veto wurde dies verhindert. Nach langem Ringen versprach Lou, Ledebour ein ganzes Jahr nicht wiederzusehen. »Nach außen hin veränderte sich nichts: nach innen zu alles. In all den Jahren erfolgten viele Reisen.«

In dieser schwierigen Zeit führte Lou ihr gewohntes Leben weiter. Sie verkehrte in Gesellschaft und war – wie die Tagebücher zeigen – oft mit dem Journalisten Fritz Mauthner zusammen, den sie liebevoll »Maumau« nannte. Eine ganz besondere Rolle spielte jedoch Frieda Freiin von Bülow, deren Bekanntschaft Lou Andreas wahrscheinlich im Dezember 1891 gemacht hatte. Nach anfänglicher Distanz war man sich schnell näher gekommen, übernachtete beieinander und besprach auch intime Probleme. So stand Frieda Lou in der Ledebour-Sache mit Rat und Tat zur Seite.

Nachdem mit dieser ersten Frauenfreundschaft der Damm gebrochen war, erweiterte sich Lou Andreas-Salomés weiblicher Bekanntenkreis schnell. Einige Jahre später kannte sie die meisten Schriftstellerinnen ihrer Zeit und fast alle in der gemäßigten sowie radikalen Frauenbewegung aktiven Frauen – allerdings ohne sich selbst dieser Bewegung zugehörig zu fühlen. Im Gegenteil: Lou distanzierte sich sogar bei mehreren Gelegenheiten deutlich.

Im Jahr 1896 lernte Lou eine weitere für sie sehr wichtige Frau kennen: die Baltin Helene von Klot-Heydenfeldt. Vor allem die beiden Kinder Helenes aus der Ehe mit dem Architekten Otto

Klingenberg hatten es Lou angetan, und so bildeten die Klingenbergs Lous Ersatzfamilie, in der sie ihre mütterlichen Gefühle nach Belieben ausleben konnte.

Auch Lous schriftstellerische Betätigung änderte sich: Hatte sie bislang hauptsächlich philosophische Themen behandelt oder Literatur rezensiert, so begann sie nun, eigene Novellen zu verfassen. Die erste davon faßt ihr Gillot-Erlebnis in fiktionaler Form zusammen: »Ruth«.

Nach dem Ende der unglücklichen Ledebour-Affäre begab sich Lou Andreas-Salomé im Februar 1894 für ein halbes Jahr nach Paris. Dort faßte sie schnell in der literarischen Avantgarde Fuß und erwarb viele neue Bekannte. Unter anderem verband sie mit dem Journalisten Paul Goldmann eine harmlose Liebelei. Ihre nächtlichen Spaziergänge mit dem Schriftsteller Frank Wedekind dagegen gipfelten eines Nachts in einem Mißverständnis: Lou hatte die Zeichen für eine eindeutige Annäherung nicht verstanden, und so ergab sich eine für beide Seiten peinliche Situation. Diese Begebenheit hat Lou zu Beginn der Erzählung »Fenitschka« literarisch aufbereitet.

Im folgenden Jahr reiste Lou im März/April für vier Wochen nach St. Petersburg – begleitet von Frieda von Bülow, um sie mit ihrer Heimat und ihrer Familie bekannt zu machen. Anschließend hielt sich Lou für einen Monat in Wien auf, wo sie sich in dem sich gerade erst literarisch profilierenden Kreis um Arthur Schnitzler bewegte. Lou wurde sogleich akzeptiert und als Kennerin Nietzsches und Gerhart Hauptmanns hofiert. Man erwartete sich von ihrem Urteil über die neu entstehende Literatur einiges. Lou ihrerseits war fasziniert von der erotischen Atmosphäre Wiens und von diesem Männerbündnis, aber ihre persönliche Neigung gehörte nur einem: Richard Beer-Hofmann.

Im August traf man sich in Salzburg wieder. Dann fuhren Arthur Schnitzler und Felix Salten mit dem Fahrrad nach München, und Lou Andreas-Salomé und Richard Beer-Hofmann allein ins Stubaital. Trotz des unglückseligen Verlaufs dieses Ausflugs, den Lou in der Erzählung »Jutta« wiedergibt, hielt die Freundschaft mit Richard Beer-Hofmann über Jahrzehnte hinweg: »eine nicht zu Ende gelebte Liebe«.

Bereits im November/Dezember 1895 war Lou wieder in Wien anzutreffen. Nun wurde ihr auch Peter Altenberg vorgestellt, der ihr eine seiner literarischen Skizzen übereignete. Sie war von seiner schillernden Persönlichkeit fasziniert.

❮ *Friedrich Carl Andreas, etwa 1888*

❮ *Anzeige ihrer Verlobung am
1. November 1886*

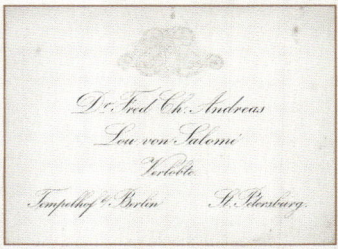

»Du fragst wie ich an Dich denke? Du weisst es ja; mit all der Liebe und der Hingebung, deren ein Mensch fähig ist, und zugleich mit einer tiefen Traurigkeit über die Unbestimmtheit unserer Zukunft. Vergebens sinne und grüble ich und versuche einen Ausweg zu finden, ob ich durch volles Einsetzen meiner eigenen Kraft in irgend einer Richtung, Klarheit und Sicherheit zu schaffen vermöge; aber ich fühle mich so entsetzlich machtlos; die Lösung liegt nicht in meiner Hand. Sähe ich Dich doch nur erst wieder; es wäre schon um vieles besser!« [Brief von Friedrich Carl Andreas vom 15. 9. 1886; unveröffentlicht]

»Später fiel mir oft ein, wie am Vorabend vor unserer Verlobung beinahe ein trügerischer Schein des Mörderischen auf mich hätte fallen können. Mein Mann trug, für abendliche Heimgänge in seine damals sehr entlegene Wohnung, ein kurzes, schweres Taschenmesser bei sich. Es hatte auf dem Tisch gelegen, an dem wir uns gegenüber saßen. Mit einer ruhigen Bewegung hatte er danach gegriffen und es sich in die Brust gestoßen. [...] Der Umstand, daß das der Hand entgleitende Messer die Klinge einklappte, hatte das Herz geschützt, doch gleichzeitig ein Dreieck verursacht, das die Wunde schwer heilbar machte.« [Lebensrückblick S. 203]

◀ Einer von Lou Andreas-
Salomés Hunden, wahr-
scheinlich Lotte, die in
den 90er Jahren ihr treuer
Begleiter war; seit Lou
durch ihren Mann im Um-
gang mit Hunden vertraut
geworden war, besaß sie
stets selbst einen – in der
Regel niederwüchsige
Mischlingsrassen

»Ich eile jetzt sehr mit dem Heirathen, denn ich
will möglichst schnell ganz zu ihm, ihm Alles
sein dürfen und das reiche Leben, welches wir
zusammen führen werden, recht ausnutzen.«
[Brief an Emma Flörke vom 10. 3. 1887; unveröf-
fentlicht]

»Und ein Gebiet gab es, auf
dem wir uns sofort fanden
und das uns die gleichen
Tore offen hielt: die Tier-
welt. Diese Welt des Noch-
nicht-Menschlichen, an der
so tief ergreift, zu spüren,
daß sie unser Menschliches
der Grundlage nach unver-
schütteter aufschließt, als
wir es in all unsern Kom-
plikationen wiederfinden.
Unser beider Einstellung
dem einzelnen Tierge-
schöpf gegenüber war
ebenso gleichgerichtet, wie
sie dem einzelnen Men-
schen gegenüber zwischen
uns meistens verschieden
blieb.« [Lebensrückblick
S. 205 f.]

‹ *Friedrich Carl Andreas im Schülerkreis zu Beginn des Sommersemesters 1889,*
dem letzten Semester, das er dem Seminar für orientalische Sprachen der
Universität Berlin angehörte; Friedrich Carl Andreas (2. von links), Herbert [?]
(Mitte stehend), weiter nach rechts: Emil Sieg, Hubert Jansen, Adolf Bistram

»**M**eines Mannes ausgebreitete Fachgebiete entzogen sich meinem Wissen und
Verstehen überdies so absolut, wie es nur sein kann; [...] Mein Mann hatte eine
an Arbeit und Interessen reiche Stellung inne am Berliner Orientalischen
Seminar. Da diese Professur vorwiegend Diplomaten oder nach Asien aus-
blickenden Industriellen zu gelten hatte, ließ sich allerdings nur ein Teil seines
forscherischen Wissens dort unterbringen. [...]
Das Glück gab ihm ein paar richtige Schüler dafür [...]. Die Stellung selbst aber
wurde ihm genau dadurch verleidet und unmöglich gemacht, daß er nur –
Milch [anstelle von Sahne] reichen durfte.« [Lebensrückblick S. 204]

◀ *Friedrich Carl Andreas »Erklärung der aramäischen Inschrift von Taxila«, 1931 (aus dem Nachlaß herausgegeben)*

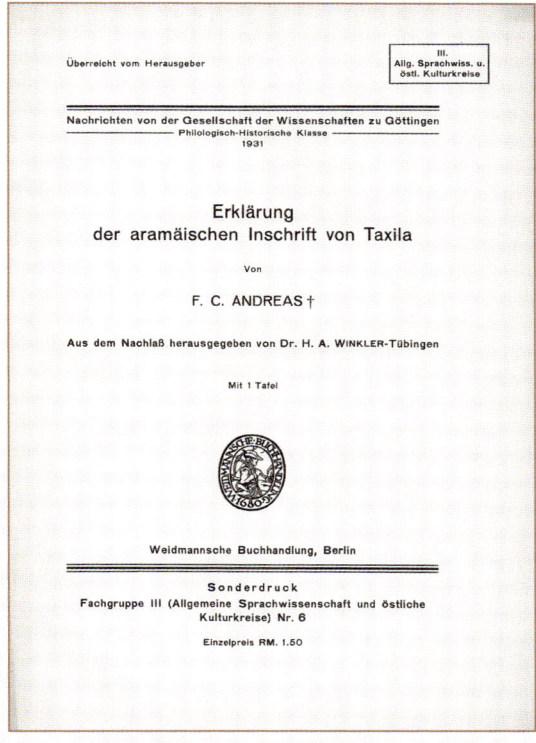

Überreicht vom Herausgeber

III.
Allg. Sprachwiss. u. östl. Kulturkreise

Nachrichten von der Gesellschaft der Wissenschaften zu Göttingen
──── Philologisch-Historische Klasse ────
1931

Erklärung
der aramäischen Inschrift von Taxila

Von

F. C. ANDREAS †

Aus dem Nachlaß herausgegeben von Dr. H. A. WINKLER-Tübingen

Mit 1 Tafel

Weidmannsche Buchhandlung, Berlin

Sonderdruck
Fachgruppe III (Allgemeine Sprachwissenschaft und östliche
Kulturkreise) Nr. 6

Einzelpreis RM. 1.50

»**S**eine Gründlichkeit, gerade weil sie eine Übergründlichkeit bis ins Minuziöseste war, gerade weil sie ihn darin zum Meister werden ließ, stieß sich an ihrer eigenen Unmöglichkeit, der andern Wesensbegabung in ihm, der visionären Evidenz, genugzutun. Was zwischen beiden, gleichsam in der genauen Mitte, hindurchfiel, war die exakte *End*erledigung. Jemand, der Andreas übelwollte, sprach es einmal dennoch ganz richtig aus: ›als *weiser Mann* im Orient hättest Du Deinen Mann gestanden –.‹«
[Lebensrückblick S. 188]

❮ *Berlin, Pferde-Omnibus, um 1890; seit Mitte der vierziger Jahre gab es in Berlin Pferde-Omnibusse, die ohne feste Haltestellen und ohne Fahrplan im heutigen Sinn verkehrten. Der Begriff »Kremser« bezeichnet eine mehrsitzige Mietskutsche für Landpartien. Er geht auf den Berliner Fuhrunternehmer Kremser zurück, der 1822 die erste Konzession für Pferdemietskutschen erhielt*

»**S**o hausten wir am Rande Südstadt, mit der nur ein Kremser – winters Kremser-Schlitten – die Tempelhofer für einen Groschen mit Berlin verband; aber an solchen ›Rändern‹ hausten in jenen Jahren auch die meisten von denen, die wir zunächst kennenlernten: unter den ersten Gerhart Hauptmann in Erkner, mit seiner Frau Marie und drei Söhnlein, Ivo, Ecke und Klaus; ebenda Arne Garborg und die reizende weizenblonde Hulda Garborg. In Friedrichshagen saßen Bruno Wille, Wilhelm Bölsche und die beiden Brüder Hart, bald einen ganzen Menschenschweif hinter sich dorthin nachziehend.« [Lebensrückblick S. 96]

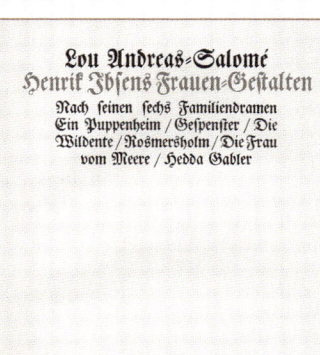

Lou Andreas-Salomé
Henrik Ibsens Frauen-Gestalten
Nach seinen sechs Familiendramen
Ein Puppenheim / Gespenster / Die
Wildente / Rosmersholm / Die Frau
vom Meere / Hedda Gabler

Dritte Auflage

Verlegt bei Eugen Diederichs / Jena 1910

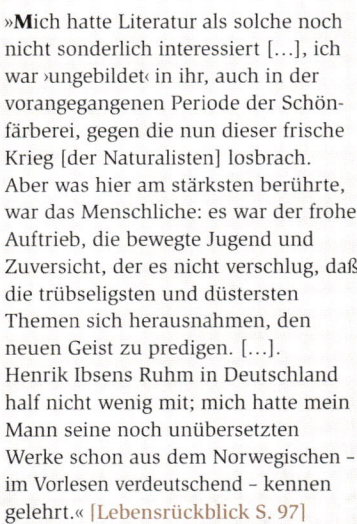

»Mich hatte Literatur als solche noch nicht sonderlich interessiert […], ich war ›ungebildet‹ in ihr, auch in der vorangegangenen Periode der Schönfärberei, gegen die nun dieser frische Krieg [der Naturalisten] losbrach. Aber was hier am stärksten berührte, war das Menschliche: es war der frohe Auftrieb, die bewegte Jugend und Zuversicht, der es nicht verschlug, daß die trübseligsten und düstersten Themen sich herausnahmen, den neuen Geist zu predigen. […]. Henrik Ibsens Ruhm in Deutschland half nicht wenig mit; mich hatte mein Mann seine noch unübersetzten Werke schon aus dem Norwegischen – im Vorlesen verdeutschend – kennen gelehrt.« [Lebensrückblick S. 97]

»In unserem letzten Gespräch […] hatte die Unruhe ihn schon in den Krallen: ›Man muß jetzt zunächst der Erste werden – – dann kann man sogar vielleicht vom Theater zum Epischen übergehn.‹ Seine stolzesten Pläne gipfelten im Epischen und Lyrischen, kehrten dem Theater den Rücken. Aber – zuvor ehe er dieses Tiefste seiner Individualität auch nur anrühren konnte –, verfiel er den beiden Mächten, die ihn gewaltig altern machen sollten: dem Ehrgeiz, der wie eine furchtbare Peitsche ihn aufjagte zu geeiltem Schaffen und zu künstlichen Steigerungen, nachdem er so ganz unbefangen, so ganz wie der Vogel singt, zu schaffen bestimmt gewesen. Und die Liebesleidenschaft, – meiner Ansicht nach ebenfalls nur eine, eben infolge seines ernsten, keuschen Naturells, zu spät eintretende und zu ernst genommene Liebelei […].« [Tagebuch 22. 11. 1900; unveröffentlicht]

❮ *Gerhart Hauptmann*
»Der Biberpelz. Eine Diebskomödie«;
Titelseite der Erstausgabe von 1893

❮ *Billet von Gerhart Hauptmann*
an Lou Andreas-Salomé:
»Liebe und theure Frau, ich muß kom-
men dürfen! Gerhart«

GERHART HAUPTMANN.

Der Biberpelz.

Eine Diebskomödie.

Zweite Auflage.

Berlin.
S. Fischer, Verlag.
1893.

Liebe und theure Frau,
ich muss kommen dürfen!

Gerhart

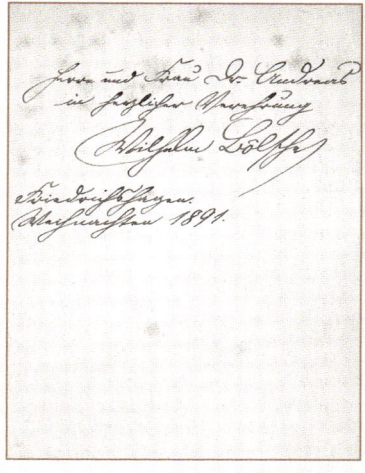

»Lieber Herr Bölsche! ich habe meinen Aufsatz soeben insofern beendet, als ich ihn zur Hälfte fertig in unsern Ofen gesteckt habe! Ich bin selbst in sehr verdrießlicher Stimmung darüber, aber ich wollte mich verhindern etwas abzuschicken, was nicht gelungen war. Der Stoff interessirt auch sehr und es liegt sozusagen Alles für ihn bereit, schon seit langem. Aber ich kann ihn augenblicklich nicht formen, ich bin zu dumm dazu. Da denke ich, es ist besser, Sie bringen nichts, als etwas Schlechtes, nicht wahr? Wenn er einmal gut wird, dann finden Sie vielleicht später noch einen kleinen Platz für ihn. *Sehr* gern würde ich allerdings grade unter den Mitarbeitern der ersten Nr. [der Freien Bühne] gewesen sein; ich habe mich auch drum bemüht, am guten Willen und auch am Fleiß fehlte es nicht, nur am guten Kopf.« [Brief an Wilhelm Bölsche von (Dezember 1889); unveröffentlicht]

❮ *Fritz Mauthner »Xanthippe«, 1884; Lou Andreas-Salomé besaß ein Exemplar, mit der handschriftlichen Widmung des Autors: »Frau Lou zu Weihnachten 94«*

❮ *Eugen Kühnemann*

Xanthippe

Von

Fritz Mauthner

Neu durchgesehene Ausgabe

Deutsche Verlags=Anstalt
Stuttgart und Berlin

»Lieber Herr Mauthner, sind Sie morgen beim Hauptmann-Souper zugegen? wollen Sie in diesem Fall mir eine große Bitte erfüllen? Wenn Alle beisammen sind, Folgendes in meinem Namen mitzuteilen: läge ich nicht krank zu Bett, dürfte ich bei diesem Festmahl anwesend sein, so würde ich entgegen meiner ganzen Natur und Gewohnheit und zum ersten Mal in meinem Leben, an's Glas schlagen und mich erheben, um Gerhardt [sic!] Hauptmann zu danken und meiner Freude darüber Ausdruck zu geben, daß das Werk ›Michael Kramer‹ in der Welt ist. […] Mit herzlichem Gruß von uns Ihre Frau Lou.«
[Brief an Fritz Mauthner, Ende Dezember 1900; unveröffentlicht]

»**S**onntag nachmittags war ich in Friedrichshagen […]. Wir haben uns recht brav unterhalten –, nachdem Bölsches und die Harts fort waren, ausschließlich sozialistisch, und meine Seele brennt danach, mit Ihnen und Ihrem lieben Herrn Gemahl über all diese Eindrücke zu sprechen. Ein ganzes Stück deutschen Lebens ist mir klarer seit diesem Nachmittag. Auch Ledebour ist mir nun bedeutend verständlicher. Eine Frage! Sollten Sie vielleicht über mich mit Bölsche gesprochen haben? Da er sonst doch nichts von mir wissen konnte, erschien es mir bei seiner Freundlichkeit, ja fast Herzlichkeit, daß ein guter Engel mich bei ihm eingeführt. In diesem Falle danke ich Ihnen auch für diese Güte.« [Brief von Eugen Kühnemann vom 9.12.1891; unveröffentlicht]

»Du sprichst ja wie der Blinde von der Farbe, wenn Du darüber spekulierst, welche Wirkung die Betätigung der Leidenschaft auf Dein Liebesempfinden ausüben würde. Du hast ja noch niemals eine Erfahrung gewonnen, die Dir zu einem Urteil einen Anwalt gäbe und deshalb ist Dir dringend zu wünschen, daß Du so bald als möglich von dem Baume der Erkenntnis issest.« [Brief von Georg Ledebour vom 23.3.1893; unveröffentlicht]

»Es ist nicht unmöglich, daß in mir selber Gefühle ihm [Ledebour] entgegenkamen; doch sofern dies, ob auch noch so unwissentlich, unterwegs gewesen sein sollte, würde es doch völlig abgehalten worden sein [...]. Denn wie gering wäre mir die Gebundenheit an Sakrament oder Menschensatzung erschienen im Vergleich zu dem *Unlöslichen*, das durch meines Mannes Sein und Wesen jede Lösung ausgeschlossen hatte. [...] Die Aufregungszustände meines Mannes, der nicht blind blieb und dennoch Blindheit vorzog, indem er den Andern nur niederstechen, nicht aber sprechen wollte, beherrschten allein das Situationsbild.« [Lebensrückblick S. 208 f.]

❮ *Frieda von Bülow, etwa 1892; sie war seit Anfang 1891 eng mit Lou befreundet*

»**D**ie einzige Frau, die mir in jenen Jahren ganz vertraut nahestand, war Frieda Freiin von Bülow, die ich schon in Tempelhof kennengelernt hatte. [...] Frieda neigte von Natur her zu Schwermut, trotz einem männlich starken Willen und Lebenstrieb, der sie in ihrer Jugend zur Zeit der Carl Peters-schen Erfolge nach Ost-Afrika geführt hatte. Sie nannte selbst diese Mischung von Tatkraft und Mattigkeit gern ihren Anteil an altem, ermüdetem Geschlecht, das schließlich in der Sehnsucht nach Unterwerfung, Selbstaufgabe enden mag.« [Lebensrückblick S. 104 f.]

◀ *Lou Andreas-Salomé »Ketzereien gegen die moderne Frau«, 1899;
mit diesem Aufsatz antwortete Lou auf Frieda von Bülows »Männerurtheil über Frauendichtung«, das einige Hefte vorher ebenfalls
in der »Zukunft« erschienen war und in dem sie sich dagegen aus-
gesprochen hatte, daß »männliche« Maßstäbe an weibliche Literatur
angelegt würden; Lou vertrat eine entgegengesetzte Position*

Ketzereien gegen die moderne Frau.

Mit Vergnügen werden viele Frauen am siebenten Januar in der „Zukunft" gelesen haben, was Frieda Freiin von Bülow in ihrem knappen,
klaren Empörungartikel: „Männerurtheil über Frauendichtung" schreibt. Es
scheint so offenbar, daß sie Recht hat. Wenn eine Frauendichtung „frauen-
haft" gerathen sei, so müsse sie Lob, nicht Tadel, dafür ernten, denn jegliches
Wesen leiste sein Bestes doch aus eigenem Wesen und nicht aus schülerhafter
Nachahmung heraus; nichts sei deshalb so verkehrt und gedankenlos wie das
übliche Lob: „Wenn es der Titel sagte, würde man nicht glauben, daß
ein Weib die Dichtungen geschrieben habe." Daran ändere auch die —
nach Fräulein von Bülows Ansicht noch unentschiedene — Frage nichts,
welchem der beiden Geschlechter die geistige Ueberlegenheit zukomme. Denn
sollten nicht selbst die Niederschriften eines Füchsleins, dem durch ein Wunder
literarische Gaben verliehen würden, in genau dem Maße an Werth gewinnen,
wie sich sein Fuchs-Wesen, seine Fuchs-Auffassung, in ihnen spiegele, während
ihre korrekte Annäherung an Menschenart vielleicht wohl die Kuriosität noch
größer, das Dokument aber um so werthloser machen müßte?

Das Alles scheint bis zur Selbstverständlichkeit richtig, ist es aber
dennoch nicht. Zunächst nicht, weil eine Verwechselung zwischen den Begriffen
von Kunst und Berichterstattung vorliegt. Das Beispiel mit dem Fuchs
läßt Das sehr deutlich werden. Gewiß würde das Dokument des Fuchses,
aufgefaßt als eine Berichterstattung über die Fuchsseele oder das Fuchsleben,
werthloser durch die Verunreinigung mit menschenähnlichem Material, aber
einem künstlerischen Werth, einer „Dichtung", würde es sich vielleicht doch nur
dadurch nähern, daß der Fuchs gewisse ganz unfuchsmäßige Aehnlichkeiten
aufweist, zum Beispiel eine frappante Aehnlichkeit mit Goethe. Der Umstand,
daß er sich literarisch ausdrückt, ist an sich ja schon Etwas, das er eine
Menschen-Anomalie nennen müßte, und da ist es, falls er Kunstwerke hervor-
bringen will, entschieden am Besten, sie noch weiter in der selben Richtung
zu entwickeln, selbst wenn seine Fuchsnatur dabei zu kurz kommen sollte.
Nun sind die Frauen allerdings keine Füchse, wenigstens in diesem Sinne
nicht. Aber es wäre nicht unmöglich, daß ihre unwillkürliche Abschätzung
nach männlichen Maßstäben im Gebiet der Kunst eine eben so tiefe innerliche
Berechtigung hat, wie wenn sie wirklich Füchse wären. Denn alle „Dokumente", die sie jetzt über sich selbst vom Stapel lassen und die mit einiger-
maßen unkluger Plauderhaftigkeit recht interessante Berichte über das Weib
erstatten, sind schon diesen innersten Motiven nach unkünstlerisch. Das ist
der Grund, warum einem so guten Buch wie dem von Frieda von Bülow
erwähnten Gabriele Reuters, gerade um seiner Frauenhaftigkeit, seines werth-

*»**M**it Frieda lebte ich in fruchtbaren Debatten infolge unserer
Verschiedenheit, die ich jedoch dankbarer vertrug als sie, die uns
unabdingbar gleich haben wollte.«* [Lebensrückblick S. 110]

❮ *Helene Klingenberg mit ihrer Tochter Gerda; sie war ab 1896 eng mit Lou befreundet*

❮ *»Drei Briefe an einen Knaben«, 1917; diese drei Briefe verfaßte Lou für Helenes Kinder Reinhold und Gerda, an deren Erleben sie lebhaften Anteil nahm*

»**W**as es auch sei, Lou, ich beuge mich jedem Wunsch von Dir, Du bist u. bleibst mir lebenslang gegenwartsnah, bist ein unauslöschlicher u. immer fortwirkender Bestandteil meines Lebens. Was ich Dir zu danken habe, kann ich nie sagen, ich kann es nur hineingeben in meine Beziehung zu meinen nächsten Menschen. Du hast mich sehr reich gemacht, Lou!« [Brief von Helene Klingenberg vom 16.1.1935; unveröffentlicht]

»[...] **e**s sind nämlich nicht nur die häßlichsten Dinge, die man am heimlichsten tut, sondern auch die herzlichsten. Hast Du nicht etwas wie eine feine Vorahnung davon schon erfahren, neulich, als ich Dich mit Schnuppi [seiner Schwester] von der Schule abholte und Du Deinen Mantel abwarfst, um sie vor dem strömenden Regen zu schützen, – darauf jedoch vor den lächelnden Schuljungen rot und verlegen zur Seite gingst?« [Drei Briefe an einen Knaben, S. 32]

◀ *Lou Andreas-Salomé, etwa 1892*

»**H**elene und Frieda unterschieden sich voneinander wie ein brauner Junge von einer blonden Jungfrau. [...] Und wenn Friedas Tatendurst sie ins Fernste trieb, so war Helenens Schicksal [...] wie innerlichst vorbestimmt in der Allgewalt der Liebe zu Frau- und Muttersein. [...] Mit Helene verband mich sicherlich irgendeine verborgen-tiefe Verwandtschaft, was zwar nicht hinderte, daß ich ebenfalls ganz andern Weges schritt als sie: es machte uns nichts, weil diese liebesstarke Natur mich restlos tolerierte, wie ich war, auch wo ich ein Unhold war.« [Lebensrückblick S. 109 f.]

❮ *Ricarda Huch, 1896, mit der handschriftlichen Widmung auf der Rückseite: »Herzliche Grüße von Ricarda Huch. Zürich 9. 2. 1896«; Frieda von Bülow hatte 1895 brieflich mit Ricarda Huch Kontakt aufgenommen, da ihr der Roman »Erinnerungen an Ludolf Ursleu den Jüngeren« sehr gut gefallen hatte; Lou hat diesen Roman dann in der Zeitschrift »Die Frau« besprochen*

»**W**as meine geistvolle Freundin Lou Andreas besticht [am genannten Roman], ist grade der Gang, der Inhalt, die Entwicklung des Romans, – das Innerste desselben und ich finde ihre Auffassung wunderschön. Nun halte ich es aber für ganz möglich, daß Sie selbst gar nicht damit einverstanden sein werden. Lou hat manchmal die Eigenschaft, Dichtungen nach ihrem eigenen inneren Bedürfnis umzudichten und sieht dann Dinge darin, an die der Autor gar nicht dachte. Aber wenn ihre Interpretationen auch nicht immer ganz zutreffend sind, sind sie doch immer sehr geistvoll und interessant, weil Lou ein ganz eigenartiger, ungewöhnlicher Mensch ist. Sie glaubt von Naturanlage *Dichter* zu sein; aber ich glaube das nicht. Sie zergliedert und reflektirt viel zu stark.« [Brief Frieda von Bülow an Ricarda Huch vom 17. 4. 1895; zit. nach Streiter S. 66]

»*Ruth*«, 1895; Titelseite und eine Seite des Korrekturexemplars mit den hand-schriftlichen Eintragungen von Friedrich Carl Andreas, der das Korrekturlesen übernommen hatte

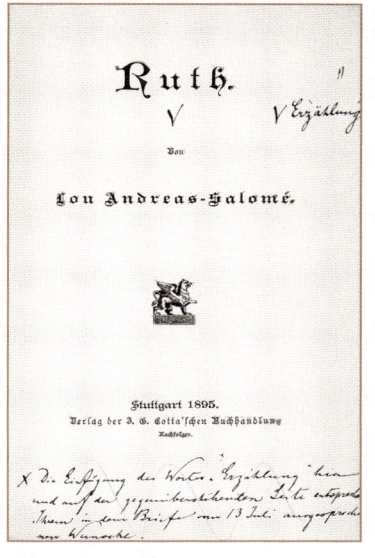

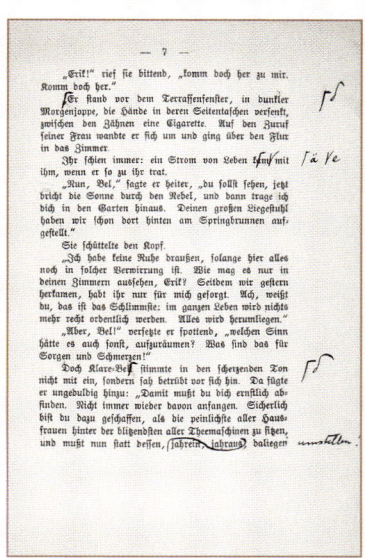

»**Könnte** er [Gillot] im Stillen die Er-zählung lesen, an der ich jetzt eben arbeite, dann würden wohl alte Er-innerungen in ihm wach werden. [...] Aber trotzdem ist mir die Geschichte bis jetzt sehr lebendig gelungen, glau-be ich, und würde Dich wohl lachen machen vor lauter Erkennungsscenen. Sie heißt: ›*Ruth*. Ein Porträt‹, und be-handelt ein feines und merkwürdiges psychologisches Problem in schlichter Form. Von der ›*Ruth*‹ würdest Du aber wohl sagen [...]: ›Da hast Du Dich ja sehr darin idealisirt!‹ Weißt Du noch? Aber das Idealisiren in solchem Fall ist, in Anbetracht der menschlichen Mangelhaftigkeit und Zufälligkeit, manchmal künstlerisches Gesetz.« [Brief an Emma Flörke vom April 1893; unveröffentlicht]

❮ *Paris, Hôtel des Invalides, etwa 1904*

246. PARIS - Hôtel des Invalides, *la batterie triomphale*   J. H.

»Paris war nach Berlin die erste Weltstadt im Ausland, die ich auf langehin bewohnte, und jede Erfahrung dort hob sich mir sehr präzise vom Bisherigen ab: im unaussprechlichen Zauber seiner Altersreife erschien es mir wie eine immer von neuem geschmückte Geliebte, nach allem Jugendglanz noch umstanden von den Kostbarkeiten, die weder Rost noch Motten fressen.« [Lebensrückblick S. 101]

❮ *Postkarte einer Blumenfrau aufgeklebt auf einem Zeitungsausschnitt unbekannter Herkunft mit dem Beginn der Erzählung »Rue du Temple 93« von Lou Andreas-Salomé; auch das Manuskript dieser Erzählung hat sich nicht erhalten*

»**B**ei meinen Aufenthalten im Louvre machte ich unterwegs eine kleine belanglose Straßenbekanntschaft, von der mich's zu erzählen antreibt. Es war eine betagte Elsässerin namens Madame Zwilling, die ihren tabeskranken Sohn als Blumenhändlerin ernährte. Eines Abends, beim Besuch im Stübchen der beiden, fand ich sie ohnmächtig heimgebracht von der Straße, inmitten der großen Körbe frisch aus den ›halles‹ geholter Frühlingsblumen, und beschloß, diese schnell für sie zu verkaufen. [...] Erst Tags darauf erfuhren wir durch Herren von der Presse, wie rein zufällig wir *nicht* im Untersuchungsgefängnis hatten schlafen müssen, mangels jeglichen Gewerbescheines.« [Lebensrückblick S. 101 f.]

❮ *Handschriftlicher Zettel von Madame Zwilling, inliegend gepreßtes Stiefmütterchen*

❮ *Frank Wedekind mit seiner Frau Tilly, etwa 1908; verklebt mit einem Telegramm von Wedekind an Lou Andreas-Salomé vom 16. 7. 1894 [Poststempel]*

»**F**ast am meisten bin ich in Paris mit Frank Wedekind zusammen gewesen. Späterhin. Denn zunächst [...] kam es [...] zwischen uns zu einem Wedekindschen Mißverständnis, das er mit rührender Offenheit, ohne geringste Selbstbeschönigung, andern weitererzählte (und das ich gelegentlich als Novellenfüllung [in ›Fenitschka‹] literarisch ebenfalls verarbeitet habe).« [Lebensrückblick S. 100]

Aus fremder Seele.

Eine Spätherbstgeschichte

von

Lou Andreas-Salomé.

Stuttgart 1896.
Verlag der J. G. Cotta'schen Buchhandlung
Nachfolger.

»Frieda sagte, in meinen Romanen ginge immer alles grausam schlecht aus, bei ihr geschähe das Gegenteil oft nur aus Nervenschwäche. Vielleicht ist auch eine verborgene Grausamkeit in solchen Konzeptionen; vielleicht würde ich als Gott meine Menschen quälen. Aber: nur die ganz Starken und Vollkommenen! Gegen alle andern wär ich überströmend gut, wie gegen Vögelchen und Hunde.« [Tagebuch 13. 6. 1903; unveröffentlicht]

❮ *Wien, Stefanskirche*

»**W**enn ich die Wiener Atmosphäre im Vergleich zu der anderer Großstädte schildern sollte, so erschien sie mir damals am meisten gekennzeichnet durch ein Zusammengehen von geistigem und erotischem Leben [...]. Neben der Konkurrenz von Liebe und Ehrgeiz blieb dadurch Spielraum für deren Austragung in Männerbefreundung untereinander, die dadurch eine besondere und, wie mir auffiel, ganz erlesene Form gewann.« [Lebensrückblick S. 106]

»**L**ieber Hugo! […] Frau Lou ist noch in Wien, und täglich viele Stunden mit uns zusammen. Es scheint, als hätte sie uns – d. i. Arthur, und Sie, mich, – sehr lieb, und ich glaube, wir bedeuten ihr etwas in ihrem Leben, oder sind ihr Symbol, für irgendetwas, was wir nicht wissen können. […] ›Glückliche Menschen‹, nennt sie uns, und sie meint, wir wären es auch deshalb, weil wir die Stadt lieben in der wir wohnen, und weil es die Stadt ist, in der wir geboren sind, und weil wir einander haben. Ihre Augen und ihr Lachen sind so jung, daß wir neulich erst entdeckten, um wieviel jünger wir sie jetzt empfinden, als anfangs.« [Brief Richard Beer-Hofmann an Hugo von Hofmannsthal vom 22. 5. 1895; dies.: Brw S. 49]

◀ *Arthur Schnitzler »Liebelei«*

ARTHUR SCHNITZLER

Liebelei

Schauspiel in drei Akten.

Berlin
S. Fischer, Verlag
1896.

◀ *Richard Beer-Hofmann, 1895;
mit der Widmung auf der
Rückseite: »Von Wiedersehen zu
Wiedersehen«*

»Lieber Herr Dr., danke für die ›Liebelei‹, die ich heute Nachmittag erhalten und seitdem gelesen und wieder gelesen habe. Hätte ich sie schon vorher gekannt, – den ersten Eindruck von Ihnen selbst anstatt von den Burgschauspielern empfangen, so würden die (an sich vielleicht nicht so großen) Schwächen des Spiels, besonders des Spiels der Christine, mir nicht so viel vom Besten verwischt haben. Ich kam ganz gedrückt aus dem Theater, ich konnte unter dem Spiel Ihre Eigenart nicht überall herauserkennen. Es geht ja mit dem ›Hannele‹ auch so: erst dadurch, daß man das Werk selbst kennt, ergänzt und unterstützt man den Theatereindruck, der sonst unzulänglich bleibt, und wahrscheinlich wird es allen intimen, lebensfeinen, *lebenseinfachen* Kunstwerken so ergehen, auch bei guter Darstellung. Das Theater ist eben nothwendig ein grobes Ding, was ein Dichter aber mit seiner groben Hülfe in uns hervorrufen will, ist etwas so zartes.« [Brief an Arthur Schnitzler vom 25. 11. 1895; unveröffentlicht]

»Lieber Herr Dr., für Ihre Sendung danke ich Ihnen sehr! ich habe mit großer Freude Sie und Flirt [Beer-Hofmanns Hund] aus dem grüngesiegelten Päckchen herausgewickelt. Die Gläser über den Photographien sind, doch ohne sie verletzt und zerkratzt zu haben, unterwegs zersplittert, (›Glück und Glas wie leicht bricht das!‹) infolgedessen habe ich Sie beide jetzt unter unzerbrechliches Marienglas gethan. Ihr Profilbild ist weit besser geraten als das andere, welches aber dafür das Wiedersehens-Pfand enthält, – denn so will ich's auffassen.« [Brief an Richard Beer-Hofmann vom 17. 7. 1895; unveröffentlicht]

❮ *Stubaital, Postkarte datiert September, Jahreszahl von Lou Andreas-Salomé unkenntlich gemacht [1895]; die Geschichte dieses Ausflugs hat Lou Andreas-Salomé in der Erzählung »Jutta. Ein Pfingsttagebuch« fiktionalisiert, die 1981 aus dem Nachlaß herausgegeben wurde*

»9. [...] Am nächsten Morgen 2stündige Fahrt im Wagen nach Schönberg im Stubaithal und zurück [mit Richard Beer-Hofmann]. Nachmittags sammt Koffern hin. Oben herrlich. Die erste Nacht im Bauernhaus am Abhang, Ankunft im Dunkeln über die Wiesen.

10. Umzug in's Salletl, die entzückendste kleine Einsiedelei; Spaziergang zum Zauberwald, Vogelbeeren, Berberitzen, Hagebutten. Abends auf der Veranda mit Windlicht. Die Nacht im Salletl im Mondschein, Räuberfurcht. Wotan [der Hofhund].

11. Nach Tisch im Salletl, nach prachtvollem Morgen die Aussicht gewitterhaft. Soûper im Gasthof. Gewitter & Regen. Regennacht im Salletl mit dem Revolver.

12. Regentag, bitterkalt. In B[eer]-H[ofmanns] Plaid gewickelt auf dem Divan gelegen. Abends gegen 1 Uhr schwacher Mondschein. Wotan, der moralische Hund.

13. Kälte, seltene Sonnenstrählchen. Spät auf, zusammen zur Post. Streit.

14. Gang zur Post. Kälte. Die Cigaretten. Spät zu Bett.

15. Morgens zusammen nach Patsch hinunter. Von da Innsbruck – München. In München Alterchen [Friedrich Carl Andreas].«

[Tagebuch 9.–15. 9. 1895; unveröffentlicht]

◀ *Richard Beer-Hofmann »Der Tod Georgs«, 1900*

DER TOD GEORGS

VON

RICHARD BEER-HOFMANN

BERLIN
S. FISCHER, VERLAG
1900.

◀ *Peter Altenberg »Zwei Fremde«, eine Seite aus dem handschriftlichen Manuskript der Skizze, die er über Lou Andreas-Salomé und die zwei »Stübchen« ihres Wiener Hotels schrieb; die Skizze wurde jedoch nicht in sein Erstlingsbuch »Wie ich es sehe« (1896) aufgenommen, wie Lou glaubte*

»**H**ierin besiegt Beer-Hofmanns verwandtes Werk: ›Georgs Tod‹ dieses Buch [d'Annunzios ›Das Feuer‹]: Beer-Hofmann gibt uns nicht nur jene Sensation des alles Auffangenden, alles Enthaltenden der von ihm geschilderten Mannesseele, – er gibt uns auch das tiefere Erlebnis ihrer Einsicht, daß sie ihrerseits mit allem verflochten ist, allem zugehört: und dadurch erst gibt er ihr eine Seele, – dadurch erst wird sie Leben und Mensch. Denn erst dieser tiefe Unterstrom, aus dem sie aufsteigt, füllt ihre Lebensadern mit Blut und macht sie aus dem Automaten zur Gestalt.« [Tagebuch 29. 11. 1900; unveröffentlicht]

»**P**eter Altenberg stand ein wenig abseits – wenn auch nicht in der Befreundung. Wenn man mit ihm war, dachte man dabei weder an Mann noch Weib, sondern an eines dritten Reiches Wesen. Das über ihn bekannte Wort: ›mon verre est petit, mais je bois dans mon verre‹, ist präzise richtig, wenn man das ganze Schwergewicht nicht auf ›petit‹, sondern auf ›mon‹ legt: denn das Neue und Reizvolle in Peter Altenbergs kleinen Gestaltungen beruht auf dem Rätselhaften, wie er gleichsam beide Geschlechter am innern Erwachsensein verhindert, indem er ihr Infantilbleiben dichterisch zu einer Spezialität verarbeitet, die sich auch in seiner personellsten Besonderheit voll ausdrückte.« [Lebensrückblick S. 106]

»Lou Andreas-Salomé […] war eine hohe Erscheinung von eigenartiger sanft gebietender Schönheit, eine adelige Seele, ein königlicher Geist. Die Urteile, die sie abgab, galten uns allen als inappellabel. Auch mit ihr ergab sich aus ihrer Fremdheit und aus ihrer geringen Kenntnis des wienerischen Idioms mancher lustige Zwischenfall. Beim Abendessen im Restaurant fragte sie den Kellner mit ihrer befehlenden, villeicht ein wenig vorwurfsvoll klingenden Stimme: ›Haben Sie eine Drüse?‹ worauf der Kellner bestürzt versicherte, während er sich an den Hals griff: ›Aber gnä' Frau – i bin ganz g'sund!‹ Wir brachten erst nach längerem heraus, daß Frau Salomé ein Bries zu essen wünschte.« [Salten 1932/33, S. 42]

DIE WURZELN DER SEELE
《1897–1902》

Als der junge Dichter René Maria Rilke im Mai 1897 Lou Andreas-Salomé vorgestellt wurde, hinterließ er keinen besonderen Eindruck. Rilke hingegen war von ihrem Aufsatz »Jesus der Jude«, der 1896 in der Neuen Deutschen Rundschau erschienen war, so begeistert, daß er diese Frau unbedingt näher kennenlernen wollte.

Jedoch nur allmählich ließ die vielbeschäftigte Lou die Vertiefung der Bekanntschaft zu. Häufig traf sie sich mit ihren zahlreichen Freunden, wie z. B. August Endell, Frieda von Bülow, Helene von Klot-Heydenfeldt, dem Kreis um Sophia Goudstikker und das berühmte Fotoatelier Elvira.

Als Lou und Frieda dann beschlossen, sich für den Sommer eine Bleibe auf dem Land zu suchen, wurde Rilke in diese Pläne miteinbezogen. Am 14. Juni 1897 siedelten Lou und Frieda nach Wolfratshausen ins Lutzhäuschen über, während Rilke sich nach einigem Hin und Her etwas weiter oben am Berg im Fahnensattlerhaus einquartierte, in das später auch Lou einzog. Man arbeitete zusammen und vergnügte sich. Als Besuch kamen u. a. der russische Kritiker Akim Volinskij und Sophia Goudstikker, genannt der »Puck«.

In diesen unbeschwerten Tagen wurde die 36jährige Lou Rilkes Geliebte. Ob Rilke ihr erster Liebhaber war, ist nicht zweifelsfrei festzustellen – er selbst glaubte jedoch fest daran. Weshalb Lou nun doch zu einer körperlichen Beziehung bereit war, steht nur zu vermuten. Hatte sie sich bislang nur älteren Männern verbunden gefühlt, bei denen unter Umständen das Inzest-Tabu wirksam war, oder Männern, die sie körperlich nicht reizten, so fand sie mit Rilke erstmals einen wesentlich jüngeren Mann anziehend – ein Muster, das sich später wiederholte.

Nur mit der überschwenglichen, bisweilen exaltierten Lyrik Rilkes konnte Lou wenig anfangen. Sie versuchte, ihm den Blick für das Einfache und Kreatürliche zu öffnen, indem sie ihm die Schönheit der Natur zeigte, ihn zu einfacher Kleidung und zum

Barfußgehen anhielt und für vegetarische Ernährung sorgte. Sie gab ihm auch seinen Namen: Rainer Maria Rilke, wie sie den ihren von Gillot erhalten hatte. Lou war überzeugt, daß man durch ein einfaches Leben und durch Demut der Natur und der Schöpfung gegenüber dem Kern des Lebens, dem Lebensurgrund, näher käme, der nach ihrer Überzeugung die Ursubstanz allen Lebens und damit auch allen künstlerischen Schaffens darstelle.

Nach einer kurzen Unterbrechung des Aufenthalts in Wolfratshausen für einen München-Besuch und für ein Treffen Lous mit ihren Wiener Freunden Broncia und Friedrich Pineles in Hallein kam man wieder draußen im Isartal zusammen. Diesmal waren auch der Architekt August Endell, zeitweise der Bildhauer und Kunstgewerbler Hermann Obrist und ab 22. Juli Friedrich Carl Andreas mit von der Partie.

Die Beziehung zwischen Lou Andreas-Salomé und Rainer Maria Rilke hatte sich inzwischen so weit vertieft, daß er ihr am Ende des Sommers nach Berlin folgte, um dort für die nächsten Jahre zu leben. Er hielt sich oft im Haushalt der Eheleute auf und war auch für Lous Ehemann ein willkommener Gast. Im Frühjahr 1899 unternahm man zu dritt eine Reise in Lous Heimat. Die Reiseroute führte zuerst nach Moskau, wo sie den Maler Leonid

Pasternak, den Bildhauer Fürst Pawel Trubetzkoj und den Dichter Graf Leo Tolstoj besuchten. Man besichtigte die Sehenswürdigkeiten der Stadt und verbrachte die Osternacht – das Hauptfest der orthodoxen Christen – im Kreml. Der religiöse Mensch und Dichter Rilke war tief beeindruckt.

Nach einem sechswöchigen Aufenthalt in St. Petersburg bei Lous Familie kehrten sie nach Berlin zurück. Nun ließ sich Lou von Rilkes Begeisterung für die russische Frömmigkeit anstecken, und beide vertieften sich in das Erlernen der russischen Sprache und das Studium russischer Literatur und Kulturgeschichte. Sie arbeiteten sogar während eines Besuchs bei Frieda von Bülow in Meiningen so intensiv weiter, daß sich diese bitterlich über die Vernachlässigung beklagte.

Im Mai 1900 war es dann wieder soweit: Lou Andreas-Salomé und Rainer Maria Rilke brachen erneut nach Rußland auf. Diesmal führte die Reiseroute über Moskau und Kiew, dann Dnjepr-abwärts nach Kresl, mit dem Zug nach Saratow und von da mit dem Schiff Wolga-abwärts über Samara, Kasan, Nischni-Nowgorod nach Jaroslawl, wo sich die beiden für ein paar Tage eine einfache Bauernhütte mieteten. Anstatt jedoch das einfache Leben gemeinsam zu genießen, tat sich nun eine fundamentale Kluft zwischen Lou und Rilke auf. Während Lou auf dieser Reise ihre eigenen Wurzeln im Erleben an der Wolga-Landschaft wiederfand, zeigten sich bei Rilke massive psychische Störungen, die Lou darauf zurückführte, daß er unfähig war, das volle Erleben dieser Reiseeindrücke in eine künstlerische Form zu gießen. Ihre Vorstellung ging davon aus, daß der Künstler seine Lebenseindrücke – anders als der normale Mensch, der diese in Lebensaktionen und Gefühle umsetzt – nur in Form von Kunstwerken verarbeiten kann. Sollte ihm dieser Weg versperrt sein, z. B. durch Arbeitshemmungen, dann sucht sich das angesammelte Potential eigene Wege, die eben auch in psychische oder physische Krankheit münden können: »irrendes Schöpferischsein am eigenen Körper«. Der Weg der ihre Erlebnisse auslebenden Normalmenschen ist ihm jedoch aufgrund seiner Prädestination als Künstler unmöglich.

In der Verzweiflung über die Einsamkeit, die diese Bestimmung für ihn bedeutete, hat Rilke oft versucht, trotz allem im normalen Leben Rückhalt zu finden – und hat es doch nie geschafft. Im Gegenteil: seine Arbeitshemmnisse wurden im Lauf der Jahre immer stärker – ebenso seine Krankheiten.

Lou Andreas-Salomé sah dieses Schicksal auf Rainer Maria Rilke zukommen. Deshalb löste sie bald nach ihrer Rückkehr nach Berlin die persönliche Beziehung und mahnte ihn eindringlich zum Alleinsein mit sich und zur Verarbeitung seiner Eindrücke. Rilke zog sich zu diesem Zweck in die Künstlerkolonie Worpswede zurück, wohin ihn Heinrich Vogeler eingeladen hatte. Doch auch dort konnte er die ihm gestellte Aufgabe nicht lösen: Noch 1901 heiratete er die Bildhauerin Clara Westhoff und bald darauf kam die Tochter Ruth zur Welt.

Aber auch Lou brauchte nach der Rückkehr aus Rußland Ruhe und Alleinsein, um ihre wiedergefundene russische Kindheit zu verarbeiten. Und sehr bald schon begann sie mit dem Roman, der ihr ganzes russisches Glaubensbekenntnis enthält: »Ródinka«.

Trotz der äußeren Trennung von Rilke entschwand er dennoch nicht aus ihrem Gedankenkreis. Im Gegenteil: Ausgehend von dem erschreckenden Erleben seiner psychischen Störungen intensivierte Lou ihre Beschäftigung mit dem medizinischen und psychologischen Wissen ihrer Zeit, das sie später zur Psychoanalyse führen sollte.

Ab Juni 1903 gab es zwischen Lou und Rilke wieder brieflichen Kontakt, an Pfingsten 1905 sahen sie sich das erstemal wieder. Von da an begleitete Lou Rilke brieflich und in Gesprächen auf seinem schweren Weg zur Vollendung und zum Tod.

◀ *München, Alter botanischer Garten mit dem Glaspalast (1931 abgebrannt)*

»In München stand man nicht in so breiter Allgemeinsamkeit wie in Paris oder
Wien etwa, – wie die Breite und Schönheit seiner Straßen auch leerer dalag, als
riefen sie, man möge sich auf ihnen sammeln. Hier fand man sich nicht im
›Münchnerischen‹ der Eingeborenen, sondern im Gemeinsamen aller Nationa-
litäten Deutschlands ringsum; zu Geselligkeit kam es in einzelnen literarischen
Familien und Schwabinger Winkeln. [...]
Anläßlich irgendeiner gemeinsamen Theaterverabredung brachte Jakob
Wassermann an unsere Plätze einen Freund, den er wünschte vorzustellen: es
war René Maria Rilke.« [Lebensrückblick S. 110 f.]

Rainer Maria Rilke »Traumgekrönt«
(1897) mit einem handschriftlich von Rilke
eingetragenen Gedicht auf dem Vorsatzblatt

Rainer Maria Rilke, 1897

»Ich war sehr traurig. Ich bin mit ein paar Rosen in der Hand in der Stadt und dem Anfange des englischen Gartens herumgewandert, um Ihnen die Rosen zu schenken. Ja, statt sie an der Thür mit dem goldenen Schlüssel abzugeben, trug ich sie mit mir herum, zitternd vor lauter Willen, Ihnen irgendwo zu begegnen.« [Brief von Rainer Maria Rilke vom 31. 5. 1897; Rilke-Brw S. 10]

»**D**er blutjunge Rainer, obwohl er schon verblüffend viel geschrieben und veröffentlicht hatte […], wirkte in seinem Wesen doch nicht vorwiegend als der zukunftsvoll große Dichter, der er werden sollte, sondern ganz von seiner *menschlichen* Sonderart aus. […] Wenn auch z. B. einmal der ihm befreundete Ernst von Wolzogen ihn brieflich scherzend anredete: ›Reiner Rainer, fleckenlose Maria‹, so lag dennoch in Rainers innerer Situation keine weiblich-kindliche Erwartung, sondern schon seine Art Mannhaftigkeit: eine ihm entsprechende unantastbar zarte Herrenhaftigkeit.« [Lebensrückblick S. 114]

❮ *Wolfratshausen, etwa 1897*

»13. Mit Rilke Geschirr gepackt [...]

14. Morgens gepackt, dann nach Tisch Abfahrt zu Dreien [Lou Andreas-Salomé,
Rainer Maria Rilke und Frieda von Bülow] nach dem Isarthalbahnhof. Frohe
Ankunft bei herrlichem Wetter. Ausgekramt in unserm Häuschen, prachtvoller
Mondschein. Schlaflose Nacht.

15. Ein sehr schöner Morgen, von 5 früh mit Rainer auf der Terrasse, später der
Sturz über die Stufe mit Unwohlbefinden. Nachmittags Vol[inskij]s Ankunft,
und Rainers Abzug nach Dorfen. Beginnendes Regenwetter.

16. Morgenarbeit in der Laube mit Vol[inskij]. Helene Klot's Ankunft.

17. Arbeit mit Vol[inskij]. Frohes Zusammensein mit R[ilke] & H[elene] in
Laube. Abends Puck [d. i. Sophia Goudstikker].

18. Puck früh morgens per Rad fort, dann Abschied von Helene. Morgenarbeit
mit Vol[inskij]. Nachmittags zu Dreien. Regen und Sonne. Rainer umgezogen.
[...]

20. [...] Rainer schläft bei uns.

21. [...] Abends Vol[inskij] bei uns. Froher, schöner Tag, trotz Regen. Schöner
Abend. Rainer im Gasthof übernachtet.

25. [...] Friedas Umzug

26. [...] Flußbad. Flagge gemacht«

[Tagebuch Juni 1897; unveröffentlicht]

❮ *Wolfratshausen, Fahnensattlerhaus, Juli 1897; von links nach rechts (Balkon): Friedrich Carl Andreas, August Endell, Rainer Maria Rilke und Lou Andreas-Salomé; unten die Bauersfrau und eine Hofhilfe*

»[…] ins erste Häuslein zog noch Frieda [von Bülow] mit hinaus; beim zweiten, einem in den Berg gebauten Bauernheim, überließ man uns die Stätte überm Kuhstall; auf der Photographie, die später davon gemacht wurde, sollte die Kuh mit konterfeit werden – sie schaute nicht aus dem Stallfenster, doch steht die alte Bäuerin davor; und unmittelbar über dem Dach geht sichtlich der Weg in die Landschaft weiter; darüber wehte in grobem Leinen, handgroß mit ›Loufried‹ schwarzgemalt, unsere Flagge, von August Endell verfertigt, der sich mit Rainer bald freundschaftlich verband; er half uns auch, die drei ineinander gehenden Kammern durch schöne Decken, Kissen und Geräte anheimelnd zu machen.« [Lebensrückblick S. 114]

◀ *Gedicht von Rainer Maria Rilke aus der Wolfratshausener Zeit*

◀ *Lou Andreas-Salomé, 1897; Aufnahme aus dem Atelier Elvira, München*

»**M**ich bekümmerte es, daß ich den Überschwang Deiner Lyrik in den meisten seiner Äußerungen nicht voll genug mitempfand; [...]
Mit schwärzesten Tintenstrichen hantierten wir damals nicht wenig; wir entwöhnten uns ihrer nur allmählich in jenem Sommer. Aus dem dadurch halb oder ganz Vernichteten blieb solch ein Halbes, sogar im vergilbenden Wolfratshauser Umschlag, jahrzehntelang noch übrig: [vgl. oben]« [Lebensrückblick S. 140 f.]

»[...] **i**ch weiß heute davon, daß gerade in der unendlichen Wirklichkeit, die Dich umgab, für mich das tiefste Ereignis lag jener unsäglich guten, großen, gebenden Zeit, die umgestaltende Erfahrung, die damals, an hundert Stellen zugleich, mich ergriff, sie ging von dem unsagbar Wirklichen aus das Du warst.« [Brief von Rainer Maria Rilke vom 13. 11. 1903; Rilke-Brw S. 124]

»**W**ar ich jahrelang Deine Frau, so deshalb, weil Du mir das erstmalig Wirkliche gewesen bist, Leib und Mensch ununterscheidbar eins, unbezweifelbarer Tatbestand des Lebens.« [Lebensrückblick S. 138]

❮ *Sophia Goudstikker, genannt Puck; zu-sammen mit ihrer Schwester Mathilde und Anita Augspurg betrieb sie das Fotoatelier Elvira und erhielt 1898 als erste Frau Deutsch-lands den Titel einer Hoffotografin*

»**P**uck teilte mir gleich selbst mit, dass er [sic!] sich ein wenig in Endell verliebt habe, aber sehr tief scheint es ihm nicht zu gehen. Er protzt vielmehr ein bischen damit so als sagte er: ja, seht ihr? ich kann das nämlich auch. Er war aber sehr nett, manchmal sehr lieb. Nur fand ich keine andere Verkehrsform als die einer leichten Liebelei. Darin ist er wie manche Männer. Er ist doch ein sehr armer Kerl. Anbei sein letzter Brief. Er prahlt und protzt so gerne der arme Puck u. ahnt nicht wie sehr er grade damit seine Armut zur Schau trägt.« [Brief von Frieda von Bülow vom 5.7.1899; unveröffentlicht]

‹ *München, Fassade des Atelier Elvira; von August Endell entworfen und 1933 von den Nationalsozialisten abgerissen*

‹ *August Endell*

»**B**efreundet hab ich mich insbesondere mit August Endell, der, Kunstgewerbler und Architekt, nachmaliger Direktor der Breslauer Kunstakademie, mir bis zuletzt tief verbunden blieb. Daß diesem jungen, kränklichen, damals einsam und bitter Ringenden dieses Gedenken schon ein Nachruf sein muß! Es ist eine Erinnerung an unvergeßliche Nähe und unvergeßliche Werte.« [Lebensrückblick S. 110 f.]

❰ *Moskau, Kreml; die erste russische Reise vom 25. 4. bis 17. 6. 1899 unternahmen Lou, Rainer Maria Rilke und Friedrich Carl Andreas gemeinsam*

»**M**ir war ein einziges Mal Ostern; das war damals in jener langen, ungewöhn-
lichen, ungemeinen, erregten Nacht, da alles Volk sich drängte, und als der
Iwan Weliki [der große Glockenturm des Kreml] mich schlug in der Dunkelheit, Schlag für Schlag. Das war mein Ostern, und ich glaube es reicht für ein
ganzes Leben aus; die Botschaft ist mir in jener moskauer Nacht seltsam groß
gegeben worden, ist mir ins Blut gegeben worden ins Herz [...]« [Brief von
Rainer Maria Rilke vom 31. 3. 1904; Rilke-Brw S. 142 f.]

❮ *Frieda von Bülow, August/ September 1899*

❮ *Gartenhäuschen auf dem Bibersberg bei Meiningen, das die Prinzessin Meiningen Frieda von Bülow zur Verfügung gestellt hatte*

»**V**on Lou und Rainer hab ich bei diesem sechswöchigen Zusammensein äußerst wenig gehabt. Nach der längeren russischen Reise, die sie in diesem Frühjahr (inkl. Loumann) unternommen, hatten sie sich mit Leib und Seele dem Studium des Russischen verschrieben und lernten mit phänomenalem Fleiß den ganzen Tag: Sprache, Literatur, Kunstgeschichte, Weltgeschichte, Kulturgeschichte von Rußland, als ob sie sich für ein fürchterliches Examen vorbereiten müßten. Kamen wir dann bei den Mahlzeiten zusammen, so waren sie so erschöpft und müde, daß es zu anregender Unterhaltung nicht mehr langte.« [Brief von Frieda von Bülow vom 20. 9. 1899; zit. nach Rainer Maria Rilke, Briefe und Tagebücher aus der Frühzeit, S. 37 f.]

»**M**ein Abschiednehmen ist eine große und warme Dankbarkeit an Alles in diesem heimlichen Hause, darin so Frohes und Fleißiges mir geschah; darin ich körperlich so ruhig und von einer neuen Gesundheit voll lebte und durch ein bestimmtes Studium mir einen neuen Muth gewann. Die Tage vom Bibersberg – wird für mich der Ausdruck einer Vergangenheit sein, die lange wirksam sein wird in allen Ereignissen und Zufällen und Erfolgen meines Tages und die immer reicher (nicht durch Reflexion) sondern dadurch, *daß sie war*, in meinem Gefühle dauern wird.« [Brief Rainer Maria Rilke an Frieda von Bülow vom 14. 9. 1899; unveröffentlicht]

❮ *Teebude in einer Vorstadt; die zweite russische Reise vom Mai bis August 1900 unternahmen Lou Andreas-Salomé und Rainer Maria Rilke ohne Friedrich Carl Andreas*

»**O**ft gingen sie zum Teetrinken in die Schenken der Lastträger, um ihnen zuzuhören und sich mit ihnen zu unterhalten. Morgens waren sie in Bildergalerien und Museen, zur Gottesdienstzeit in den Kirchen. [...] Weder unsere Grobheit noch der Schmutz, noch die armseligsten Hütten stießen sie ab. [...] Überall suchten sie das *echte Antlitz Rußlands*. Je weiter entfernt dies alles von Literatur und Europäismus war, desto besser.« [Sophia Schill; zit. nach Rilke-Zwetajewa-Pasternak-Brw S. 19]

◀ *Leo Tolstoj*

»**D**ann, als wir mit Tolstoi selbst den Gang zum zweiten Mal thaten, sahen wir nicht mehr um uns, sondern auf ihn, und wie er diese Landschaft aufnahm, wie er von Zeit zu Zeit sich bückte und Blumen flückte [sic!], erst gelbe Flocken, dann Vergißmeinnicht, mit einer raschen Bewegung der hohl gewölbten Hand, wie mit der Sichel, oder wie man einen Schmetterling überlistet, – als wolle er vom verwundeten Stengel den Duftstrom mit erhaschen; und dann roch er intensiv daran, die Blümchen dicht am Gesicht, er verbrauchte sie gleichsam und ließ sie dann zu Boden gleiten.« [Rußland mit Rainer S. 55]

❮ *Samara, Wolga-Hafen*

»**V**on allem Anfang an die Landschaft höchst sympathisch, leise und breit anziehend, in großen, einfachen Zügen, doch ohne Melancholie. Sie ist das Gegentheil des Pittoresken am Rhein; an ihren Ufern denkt man sich keine Schlösser, aber man liebt ihre Hütten, und ihre Kirchen stehen in ihr wie in einer Heimath.« [Rußland mit Rainer S. 74]

❮ *Bauernhütte (Isbà)*

»**D**ie Isbà noch ganz leer, der Ofen kaum trocken; aus dem Heuboden springt nur die Katze. Ein Strohsack erwartet uns schon, der zweite wird zaudernd fertiggestellt, sie können nicht begreifen, warum nicht einer genügt: ›Er ist ja breit!‹, weil die 4 Töchter von Natalija Michailowna Makarowa ihn für uns entbehren müssen. [...] Der Abend vor der Hausthür ist wundervoll. Das Wetter hält klar und warm an während der ganzen hellen Nacht; trotzdem brennen wir etwas mitgebrachtes Licht und ziehen uns rasende, wahnsinnige Mücken zu.« [Rußland mit Rainer S. 83]

Lou Andreas-Salomé und Rainer Maria Rilke zu Gast beim Bauerndichter Spiridon Droschin in Nisowka, Juli 1900; diese Begegnung wurde von Sophia Schill vermittelt

»[...] **e**r [Droschin] trug immer ein Buch, damit alle sahen, daß er ein Dichter ist. Das ganze Dorf machte sich eine Ehre daraus, seinen Hof zu versorgen. Sie taten alle Arbeit für ihn, damit er nur ja dichten konnte.« [Rainer Maria Rilke im Gespräch zu Hertha Koenig; Koenig S. 42]

❮ *»Wolga«, 1901; die Anklänge an Rainer Maria Rilkes Gedicht »Lösch mir die Augen aus«, das wohl in Wolfratshausen entstand und im September 1901 seine endgültige Fassung erhielt, sind unverkennbar*

Wolga

Bist du auch fern: ich schaue dich doch an.
Bist du auch fern: mir bleibst du doch gegeben
Als eine Gegenwart, die nichts verlöschen kann.
Wie meine Landschaft liegst du um mein Leben.

Umgiebst mich immer wieder; lächelnd-groß.
Auf deinen Höhen Kirchen halb verborgen,
Um deine Ufer Fernen grenzenlos,
Und deine Wälder ragen in den Morgen

Aus weitem Steppenland, jahrtausendalt,
Steigt märchengleich der Glanz von großen Städten
Und sinkt zurück in Wüstenei und Wald,
In deine Wildnis ewig unbetreten -.

Und wieder seh' ich, wenn es dunkeln will,
Die »weißen Nächte« deine Nacht erhellen
Und höre, durch die Nebelfrühe, schrill
Den Klageschrei von Möven auf den Wellen – –.

Gleichviel, daß nicht auf dir mein Blick dann ruht,
Was ich auch lebe, muß mich zu dir leiten:
– Stets lande ich, aus tiefer Traumesflut,
An deinen ungeheuren Einsamkeiten.

❮ *Heinrich Vogeler »Liebe«, 1896; aus Lou Andreas-Salomés Besitz: »eigentlich ein Rainerbild«*

»**G**egen Ende des Sommers kam Rainer Maria Rilke aus Rußland auf den Barkenhoff. Er stand stark unter dem Eindruck der russischen Menschen, wie Dostojewski sie darstellte. […] Viele der Eindrücke spiegelten sich in seiner Kunst wider, so wie geschliffenes böhmisches Glas das Bild der Wirklichkeit in vielfältiger Wandlung, Bereicherung und in seiner Farbe und Form wiedergibt.« [Vogeler 1952, S. 100]

»Ródinka«, 1923; Titelseite und eine Seite des Manuskripts; die Widmung des gedruckten Werks lautet: »An Anna Freud, ihr zu erzählen von dem, was ich am tiefsten geliebt habe«

»**D**ie Wolganovelle nicht völlig beendet, weil unabweisbar, unwiderstehlich, der große Stoff vom Neujahrsabend [›Ródinka‹] in mir gärt –. Ich arbeite seitdem nur noch wie Wand an Wand mit einer lauten, redseligen Nachbarschaft. Und dabei bleibt es nicht einmal: die Tür geht auf, bald heimlich, leise, bald weit und plötzlich, – der eine kommt, der andere schaut herüber; selbst ohne hinzusehn, ohne hinzuhören, ja selbst bei angestrengter, konzentrierter Arbeit mit gerunzelter Stirn, erfahre ich allmählich alles, – alles. Gerade als schrieb's schon jemand statt meiner verstohlen in mir.« [Tagebuch 9. 1. 1901; unveröffentlicht]

❮ *Rainer Maria Rilke, 1901/1902; mit Rilkes handschriftlicher Notiz auf der Rückseite: »Wohn-Stube (Aus dem Westerweder Hause, wie's 1901/1902, ein Jahr lang, war.)«*

»**D**as was Du und ich den ›Andern‹ in Dir nannten, – diesen bald deprimirten, bald excitirten, einst Allzufurchtsamen, dann Allzuhingerissenen, – das war ein ihm [dem Wiener Arzt Friedrich Pineles] wohlbekannter und unheimlicher Gesell, der das Seelisch krankhafte fortführen kann zu Rückenmarkserkrankung oder in's Geisteskranke. *Dies braucht jedoch nicht zu sein!* […] [Ich] weiß nun seherklar und rufe Dir zu: gehe denselben Weg Deinem dunklen Gott entgegen! Er kann, was ich nicht mehr thun kann an Dir, – und so lange schon nicht mehr mit voller Drangabe thun konnte: er kann Dich zur Sonne und Reife segnen.« [Brief an Rainer Maria Rilke vom 26.2.1901; Rilke-Brw S. 53 und 54]

❮ Auguste Rodin »Honoré de Balzac«, letzte Studie, 1897

❮ Lou Andreas-Salomé, etwa 1900

»Doch da kam etwas hinzu, – etwas, fast wie eine tragische Schuld gegen Dich: nämlich der Umstand, daß ich, trotz unseres Altersunterschiedes, seit Wolfratshausen immer noch wachsen mußte, – weiter und weiter wachsen, bis in das hinein, was ich beim Abschied so froh erzählte, – ja, so seltsam es klingt: *bis in meine Jugend hinein!* denn erst jetzt bin ich jung, erst jetzt darf ich sein, was Andere mit 18 Jahren werden: ganz ich selbst.« [Brief an Rainer Maria Rilke vom 26. 2. 1901 (Poststempel); Rilke-Brw S. 54]

»Als ich mit Ellen Key in Meudon bei Rodin war und als ich auf der warmen besonnten Kleewiese draußen den Balzac stehn sah, […] da ging mir doch manches vom Problem ›Rainer – Rodin‹ auf.« [Tagebuch Mai/Juni 1909; unveröffentlicht]

»Die Stunden höchster Not brachen in Paris über Dich herein, als der heroische Zwang zum ›toujours travailler‹ an der Hand des Erlösers Rodin sich zunächst durch Vergespensterung aller Dinge ins Unermeßliche und Tötende – wie es sich durch Zurückstauen produktiver Absichten schon in Rußland angekündigt hatte. Aber: inmitten der Ängste schufst Du künstlerisch das Beängstigende.« [Lebensrückblick S. 147]

EROTIK UND AUFKLÄRUNG
《1902–1911》

Nach langem Warten auf eine Berufung war Friedrich Carl Andreas im Sommer 1903 endlich eine Professur an der Universität Göttingen angetragen worden. Mit Freuden nahm er diese Stelle an, und Lou bedauerte es sehr, daß diese Chance erst so spät kam.

Nach anfänglichen Schwierigkeiten fanden sie in Göttingen ein Haus, das Lou zusagte und in dem sie sich sofort heimisch fühlten. Hier hatte sie ihren Garten und den nahen Wald für ausgedehnte Spaziergänge. So fand der Zugvogel eine neue Heimat. Lou und ihr Mann richteten ihre Lebens- und Arbeitsbereiche in verschiedenen Stockwerken ein, und erstmals hatte auch Lou für ihre Arbeit genügend eigenen Platz zur Verfügung.

Das Haus und der Garten wuchsen Lou sehr ans Herz – so sehr, daß sie sie in dem Roman »Das Haus« porträtierte. Aber nicht das Haus, sondern auch ihre Freunde Frieda von Bülow und Rainer Maria Rilke finden sich als Figuren in diesem Roman. Sich gegenseitig in den Erzählungen abzubilden oder eigene Erlebnisse einzubringen, war unter den schriftstellernden Freundinnen durchaus üblich.

In ihren Novellen und Romanen befaßt sich Lou Andreas-Salomé vor allem mit dem Schicksal junger Mädchen und Frauen. Damit gehört sie in den Kreis der damals erstarkenden Frauenliteratur. Im Gegensatz zu vielen ihrer Schriftstellerkolleginnen benutzte sie ihre Erzählungen allerdings nicht, um gesellschaftspolitische Ideen zu transportieren. Lou war vielmehr allein am inneren Erleben ihrer Heldinnen interessiert, dem die äußeren Umstände nur Staffage sind.

Besondere Aufmerksamkeit verdient auch heute noch der Novellenband »Im Zwischenland«, der sich als einer der ganz wenigen ernsthaft mit den Problemen von pubertierenden Mädchen auseinandersetzt. Daß in allen Erzählungen den noch kindlich geprägten Gemütern das Erleben von Situationen des Erwachsenwerdens als tödlicher Schock erscheint, spiegelt wahrscheinlich Lous eigenes inneres Erleben wieder.

Bereits Ende 1895 hatte Lou Andreas-Salomé in Wien die Geschwister Broncia und Friedrich Pineles kennengelernt. Das erste Zusammentreffen fand im Haus der Frauenrechtlerin Rosa Mayreder statt, doch bald schon intensivierte sich die Freundschaft soweit, daß die Geschwister Lou auf das elterliche Gut in Oberwaltersdorf einluden.

Auch während Lous intensiver Beziehung zu Rainer Maria Rilke blieb der Kontakt erhalten. Es existieren einige Postkarten und Briefe, die Lous besondere Anteilnahme an Broncias damaliger Familiengründung belegen. Zu Broncias künstlerischer Betätigung sind keine Bemerkungen Lous bekannt, obgleich es zwei Porträts von Lou von Broncias Hand gibt.

Aus den noch im Nachlaß vorhandenen Fotos und Kurznotizen läßt sich schließen, daß sich Lou Andreas-Salomé im Kreis von Broncias Malerkollegen bzw. im Kreis ihrer Familie – Broncia hatte den Industriellen Dr. Hugo Koller geheiratet und zwei Kinder (Rupert und Silvia) – sehr wohl fühlte. Trotz des Widerstands der Pineles-Eltern hielt sich Lou oft im Gut Oberwaltersdorf oder auch in Hallein bei Kollers auf.

Mit dem Erleben von Rilkes psychischen Störungen und dem Bestreben, eine Erklärung – und damit vielleicht auch eine Therapiemöglichkeit – zu finden, trat Broncias Bruder Friedrich mehr in den Vordergrund. Er war Arzt und hatte Zugang zu den neuesten medizinischen Forschungsergebnissen.

Über die gemeinsame Arbeit an medizinischen und psychologischen Themen hinaus waren Lou und »Zemek« (Erdmann), wie sie ihn liebevoll nannte, für viele Jahre ein Liebespaar. Darüber hinaus agierte er gewissermaßen als Leibarzt, da Lou zeitlebens unter einem labilen Gesundheitszustand litt. Gleich zu Beginn der intimen Beziehung war Lou schwanger – etwa 1901/02 –, verlor das Kind jedoch. Zu diesem Zeitpunkt war sie 40 Jahre alt, und konnte Zemeks Heiratsantrag nicht annehmen, da Andreas seine Ansprüche auf Lou als Ehefrau nach wie vor nicht aufgegeben hatte.

Und obwohl die Verbindung mit Zemek die längste erotische Beziehung ist, die Lou je einging, wird er in Lou Andreas-Salomés Lebensrückblick niemals beim Namen genannt. Er ist nur indirekt erschließbar – als Begleiter bei ihren alljährlichen Reisen in fremde Länder. Auch ihrer Kusine Emma Flörke hat Lou die wahre Natur dieser Beziehung nicht anvertraut. Dies mag etwas befremden, da die Beziehung zu diesem Mann über etwa zwölf Jahre hinweg sehr eng war. Kann es sein, daß Lou – obwohl sie sich sonst nicht scheute, Konventionen zu durchbrechen – sich ihrer außerehelichen Beziehungen schämte? Leider sind auch in den Briefwechseln mit ihren Freundinnen Frieda und Helene große Lücken, so daß diese Frage wohl nie beantwortet werden wird. Einer ihrer späteren Liebhaber sagte einmal, sie habe den Beischlaf als Überwindung des Intellekts durch das Körperliche zelebriert.

Obwohl die intime Beziehung mit Pineles wohl 1908 zu Ende war, traf sie sich noch bis 1921 jedesmal mit ihm, wenn sie in Wien war. In ihren Tagebüchern und Briefen sind alle Stellen, die einen Rückschluß auf die Art der Beziehung zulassen würden, vernichtet. Ernst Pfeiffer, der Gefährte ihrer letzten Jahre, berichtete, daß Lou später diese Beziehung als überwiegend sexuelle verurteilt habe.

Ab 1906 bis etwa 1908 hielt sich Lou oft in Berlin auf, wo sie neben Frieda von Bülow und Helene Klingenberg vor allem Max Reinhardt und seine Schauspieltruppe besuchte. Wahrscheinlich

auf Vermittlung von Gerhart Hauptmann hatte Max Reinhardt –
seit Oktober 1905 Leiter des Deutschen Theaters – Lou Andreas-
Salomé zu Proben und Premieren eingeladen. Lou nahm regen
Anteil am Theatergeschehen und befreundete sich mit vielen der
Schauspieler, wie z. B. Gertrud Eysoldt, Else Heims (die spätere
Frau von Max Reinhardt), Camilla Eibenschütz, Albert Basser-
mann, Friedrich Kayssler und Alexander Moissi. Sie verfaßte
Premieren-Rezensionen und kannte die tonangebenden Literaten,
wie z. B. Gerhart Hauptmann, Frank Wedekind, Alfred Kerr,
Rudolf Borchardt und den Übersetzer Henry von Heiseler.

So genoß die mittlerweile über vierzigjährige Lou das Leben in
vollen Zügen. Der einzige Wermutstropfen in diesem Aus-dem-
Vollen-Schöpfen war der Tod Frieda von Bülows am 12.3.1909.
Die Briefe, die Lou ab Ende 1907 bis zu deren Tod an die geliebte
Freundin schrieb – sie hatte Unterleibskrebs –, sind Dokumente
einer außergewöhnlichen Freundschaft. Denn wenn Lou
Andreas-Salomé der Todkranken Mut und Trost zuspricht, so ist
das kein weinerliches Jammern, keine Hilflosigkeit angesichts
der Sterbenden und kein Selbstmitleid über den bevorstehenden
Verlust.

❮ *Friedrich Carl Andreas, Bekanntmachung seiner Berufung in der Zeitung »Der Welt …«, Nr. 54 (1903)*

❮ *»Im Zwischenland«, 1902; gewidmet ihrer Kusine Emma Flörke*

Prof. Dr. F. C. Andreas,
der bekannte Sprachforscher,
wurde kürzlich an die Universität
Göttingen berufen, um Vor-
träge über die westasiatischen
Sprachen, nämlich die iranischen
Idiome, armenisch und türkisch,
zu halten.

»Von Andreas kann man ruhig sagen: es war wie Mord, daß er fünfzehn seiner besten Mannesjahre ohne Schüler von Format hatte bleiben müssen […].
In Göttingen erst erlebte er das Reichste durch diesen Anschluß an die begabtesten seiner Hörer […]. Seine Schüler waren ihm seine Äcker, in die er seinen Reichtum säte – so genau und so rückhaltlos, wie es ihm allein entsprach.« [Lebensrückblick S. 189]

»Lou Andreas Salomé ist eine Seelenforscherin von unerreichter Genialität, vor allem ist sie absolut originell. Gewöhnlich blättert sie aus dem großen geheimnisreichen Buch des Lebens Seiten vor uns auf, die noch niemals recht besichtigt worden sind. Ihre Erzählungen, die stets Vorgänge des Innenlebens behandeln, sind beinah überfrachtet mit tiefem Sinn und Bedeutsamkeit.« [Frieda von Bülow 1902/03, S. 474]

◀ *Haus in Göttingen (links unten das Badehaus), das Lou und ihr Mann im Oktober 1903 bezogen*

»**D**as Häuschen steht in einer Landschaft wie ich sie liebe: es steht hoch und blickt weit, über die Stadt im Tal und über langgestreckte Höhen; in Miniatur ist an der Landschaft etwas von den Linien, um derentwillen ich die Wolga liebte, die Berg und Ebenen, Städtebilder und Einsamkeit miteinander verband. In den Stuben des Häuschens, so kommt es mir vor, leb ich schon 100 Jahre, und sein Garten ist mir vertraut, als sei ich drin aufgewachsen.« [Tagebuch 31. 12. 1903; unveröffentlicht]

❮ *Dedeo Herrmann, der wesentlich jüngere Halbbruder von Friedrich Carl Andreas, und seine Frau Adele*

❮ *Friedrich Carl Andreas, 1901*

»Wir waren in unsern jüngsten Jahren doch auch recht vorwitzige, allwissende, verdorbene Mädels; es gab wenig, was wir nicht wenigstens beschnüffelt hätten. Ich denke jetzt manchmal dran, weil mir der Kontrast so sehr auffällt, den die Braut meines Schwagers zu dieser Petersburger Jugendreife bildet. In solch' kleinbürgerlichem Städtchen und Familienleben – trotzdem sie einer reichen u. angesehenen Familie angehört – bleibt man doch unendlich viel unberührter, einfacher und argloser. Vielleicht auch wahrer u. besser? Das wäre nicht uninteressant zu ergründen.« [Brief an Emma Flörke (Februar/März 1889); unveröffentlicht]

»Am 27. hat Alterchen Kaisers Geburtstag mitfeiern müssen mit Talar und Barett; abends aber während ich so tief in der Arbeit saß, stand er noch im Frack mit den Orden, mir in der Küche Kakao zu kochen: dies tat ihm wohl niemand nach von den Talarherrn.« [Tagebuch 29. 1. 1904; unveröffentlicht]

❮ *Familie Pineles in Oberwaltersdorf, etwa 1897; am linken Rand sitzend: Saul und Klara Pineles, die Eltern von Broncia und Friedrich (und drei weiteren Geschwistern); am linken Rand stehend: Broncia und ihr Ehemann Hugo Koller, den sie 1896 gegen den Willen der Familie geheiratet hatte; in der Mitte stehend und direkt in die Kamera blickend: Friedrich Pineles*

»3. [...] In Hallein um 10 Uhr Abends. Alle am Bahnhof.
4. Mit Kollers und dem Bubi. [...]
5. Morgengang nach der Zill mit Etka [eine weitere Schwester] & Kollers. [...]
8. Zemeks Ankunft.
9.–14. Allerlei Spaziergänge und Schwatzstunden, die durcheinander gehen.
15. Meine Abreise. Morgens mit Zemek nach Salzburg.«
[Tagebuch September 1897; unveröffentlicht]

❮ *Broncia Koller, 1890; mit der handschriftlichen Widmung: »Meiner lieben Lou! in Liebe u. Verehrung«*

❮ *Friedrich Pineles, genannt Zemek; er war über lange Jahre Lous Geliebter, Leibarzt und Reisebegleiter auf ihren allsommerlichen Reisen; die intime Beziehung endete ca. 1908*

»Ich hätte wer weiß was dafür gegeben, um Sie einen Augenblick zu sehen und zu küssen [...] Ja, wie von einer langen Reise heimgekehrt, einer Reise voll wundersamen Abenteuern, muß Ihnen jetzt zu Mute sein, mit dem schmerzlich erbeuteten kleinen Wunder in Ihren Armen [Broncias Sohn Rupert; 1896–1976]!«

»Für Sylvia [Broncias Tochter; 1898–1966] habe ich seit dem ersten Blick in ihr süßes verschlafenes Gesicht eine ganz spezielle Liebe bekommen, als ob sie so etwas wie mein Kind sei. Vielleicht glich sie denen, die ich hätte haben können!« [Briefe an Broncia Koller vom 22. 11. 1896 und November 1898; zit. nach Peters S. 321 f.]

»Mein Leibarzt, nach dem Du fragst, ist nicht in München sondern in Wien, als Arzt und als Dozent an der Universität, ansässig; er hat nur jetzt meinethalben Urlaub genommen, wie schon mehrmals. An einen fremden Arzt kann ich mich nicht gewöhnen, mißtraue ihnen auch zu sehr. Diesem einen als Freund und ärztlichem Willen zu vertrauen habe ich in 11 Jahren zu lernen Gelegenheit gehabt, wodurch er eine Art Autorität (viel auch nicht) besitzt.« [Brief an Emma Flörke (Ende August 1905); unveröffentlicht]

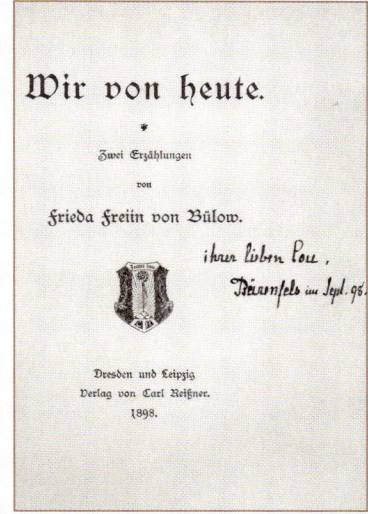

»**S**ie schüttelt den Kopf und lacht ihn an.

›Dafür bist du ja Arzt. Werd' ich krank, so kannst du mich kurieren, und darüber würde ich mich an deiner Stelle doch freuen!‹

›Es ist freilich sehr bequem.‹

›Gewiß ist es bequem. Meinst du, ich möchte einen anderen Reisebegleiter haben als einen bequemen?‹

Er schweigt. –

Wie oft hat er sich schon gegen ihre Selbstsucht und Selbstherrlichkeit aufgelehnt – im Herzen und mit Worten. Mit guten und mit harten Worten hat er protestiert. Und gezürnt hat er und geschmollt – ach wie oft! …

Und ach – wie nutzlos! –

Sie lacht ihn aus. Oder sie schmeichelt ein wenig – ein klein wenig nur, aber wie ein Kätzchen weich und anmuthig.

Immer fühlt er sich ohnmächtig. Am schlimmsten ist's aber, wenn sie einmal ernst macht. Dann heißt es: ›Ja, wenn Du meine Art nicht erträgst, dann wollen wir doch lieber auseinandergehen. Heute! Sofort! Dann hat doch unser Zusammensein keinen Sinn mehr.‹

Mit wie angstvoller Hast er jedesmal eingelenkt hat!

Das ist das Verhängniß und giebt ihr alle Macht und läßt ihn ohnmächtig: sie kann ihn gut entbehren – er sie nicht mehr.«

[Bülow »Zwei Menschen« S. 9 f.]

❮ *Postkarte mit dem handschriftlichen Eintrag von Lou Andreas-Salomé:*
»Fußtouren Wien – Hohen Tauren – Venedig« [August/September 1902]

»**B**esonders lebhaft entsinne ich mich einer langen Tour von Wien aus, die mich und einen Freund [Friedrich Pineles] zu Fuß durch Kärnten über die Hohen Tauern nach Venedig hinabführt; [...] Wir hatten vor Dunkelheit am Rotgülden-gletscher anzulangen, verzögerten uns aber sehr, weil uns unterhalb davon ein brünstiger Bulle gemeldet wurde, zu dessen Bezwingung schließlich eine ganze Anzahl von aufgeregten Almbewohnern, aufs wundersamste bewaffnet, mit uns zogen.« [Lebensrückblick S. 107 f.]

❮ *Vermutlich Skandinavien; wahrscheinlich handelt es sich um eine Privatfotografie, die von Lous Reisebegleiter Friedrich Pineles aufgenommen wurde*

»[...] **u**nd Norwegen stimmt seine eigene, von keinem noch gesungene Hymne
an! Die Nordwestküste wirkt wie eine Erfüllung, wie ein Glück geradezu, und
doch tut sie es wieder nur, weil sie so gar nicht einseitig, so wechselnd, als eine
Totalität, wirkt: groß und lieblich, düster und heiter, idyllisch und tragisch –
mit ihren Gebirgen und aus dem Wasser ragenden Riesenblöcken, die gleich
Meeresungeheuern daliegen, mit ihren reizenden grasgrünen Flecken, auf
denen die Häuschen in urweltlicher Einsamkeit stehn, mit dieser ganzen unab-
sehbaren Weltweite, in der alles auf einmal zu sein scheint und alle Sagen
lebendig werden.« [Tagebuch September 1904; unveröffentlicht]

❮ *St. Jean de Luz, Postkarte mit handschriftlichen Tagebuch-Eintragungen von Lou Andreas-Salomé*

»**D**u wirst gewiß ganz verwundert sein über die französische Marke, und ich bin auch wirklich sehr weit verschlagen worden; das kam, weil mein Doktor durchaus den Süden für mich wollte, warme Seebäder, sonnigen Strand etc. Da war die direktere Linie immer noch diese. [...] Ich bleibe einige Wochen, dann kehren der Doktor und ich zurück. [...] Ich wollte Dir nur einen Gruß zuschicken, damit Du weißt wo ich im Weltall geblieben bin.« [Brief an Emma Flörke (August 1905); unveröffentlicht]

❮ *Vermutlich Balkanhalbinsel; wahrscheinlich ebenfalls eine Privatfotografie von Friedrich Pineles*

»**V**om Minarett der Moschee, das wie ein hochweisender Finger ins Nacht-werden sich streckte, erscholl der Ruf des Muezzin ›Allah Akbar‹. So aus dem Herzen aller Kreatur gestiegen, die sich fürchtet, die sich sehnt, hallt dieser Ruf an der Grenzscheide von Licht und Dunkel, daß man sich gar nicht erst bei einem darunter gebreiteten Denk-Inhalt aufhält, während man mit einstimmt in die Andacht Aller; ebenso, wenn nachts, ehe der Morgen graut, der gleiche Aufruf in die schlafenden Sinne fällt wie eine Verkündung des Lebens, das Aufgang ist und Untergang.« [Lebensrückblick S. 178]

»Die Erotik«, 1910

DIE EROTIK

VON

LOU ANDREAS-SALOMÉ

FRANKFURT AM MAIN
LITERARISCHE ANSTALT
: RÜTTEN & LOENING :

»**M**an kann sagen: das natürliche Liebesleben in allen seinen Entwicklungen, und in den individualisiertesten vielleicht am allermeisten, ist aufgebaut auf dem Prinzip der Untreue. Denn die Gewöhnung, soweit sie das Gegenteil, eine dem entgegenwirkende Macht, darstellt, fällt, wenigstens ihrem groben Sinn nach, ihrerseits noch unter die Wirkungen der mehr vegetativ bedingten, wechselfeindlichen Körperbedürfnisse in uns.« [Die Erotik 1979, S. 93]

❮ *Max Reinhardt, etwa 1906*

»**Al**s Schauspieler mit Schüchternheit kämpfend, im gesellschaftlichen Verkehr ebenfalls sich eher schüchtern verhaltend, hat Reinhardt *arbeitend* eine Hingerissenheit, die auch erst seine ungeheure Durchhaltekraft und Frische dabei erklärt: Traumwille *und* fast brutaler Gewaltwille einen sich darin ununterscheidbar zur Verwirklichung.« [Lebensrückblick S. 174]

»Jedenfalls will es viel sagen, wenn ich betone: selbst alles, was ich noch indirekt von Max Reinhardt empfing, die Eindrücke und Beziehungen durch den Menschenkreis um ihn (und wie Reiches wurde mir zuteil, gedenke ich allein der Namen Kayßler, Bassermann, Moissi, Gertrud Eysoldt!), tritt noch zurück hinter das Schauspiel, das er selber bot.« [Lebensrückblick S. 174 f.]

◀ *Schauspieler des Moskauer Künstlerischen Theaters, die unter der Leitung von Stanislawskij im Februar/März 1906 in Berlin gastierten*

»**D**amals erlebte ich auch das ganz Andre beim Durchzug von Stanislawskijs Truppe, die ich von Petersburg her kannte und die niemand feuriger genoß als Reinhardt. In ihr war gewissermaßen der Spielwart ersetzt durch den *Gemeinschaftswillen*, der alle diese Schauspieler aus gleichem Stande und von gleicher Bildung zueinander gesellt hatte, woran es bis vor kurzem beim Theater am meisten gefehlt. [...]
Mit dem Künstlerisch-Technischen daran nahm es Stanislawskij jedoch bitter ernst: ›pro Darstellung etwa 100 Proben!‹ entschied er, und Reinhardt seufzte sehnsuchtsvoll: ›wenn *das* erlaubt wär!‹«
[Lebensrückblick S. 174 f.]

❮ *Maximilian Harden, 1906*

❮ *Frieda von Bülow und Lou Andreas-Salomé, 1895 in St. Petersburg; Frieda starb nach fast zweijähriger Krankheit im März 1909*

»[...] Harden, der es meisterlich verstand, das russisch und französisch durcheinanderwirbelnde Gespräch Aller [bei Einladungen für die Stanislawskij-Truppe] auf ihm besonders wichtige Punkte zu konzentrieren. Unsere Fußmärsche zu zweien, vom Russenhotel Unter-den-Linden bis in seine kleine Grunewaldvilla, waren prachtvolle Fortsetzungen dazu; damals verstanden wir uns jederzeit, erst im Weltkrieg entfremdete ich mich ihm, dem Publizisten, ganz.« [Lebensrückblick S. 175]

»Dies ›Gefangensein‹ [im Körperlichen] ist es, was Du jetzt durch Krankheit so grauenhaft zu fühlen bekommst, und so eng, so eng um Dich wird es gewiß oft und oft, daß mir vor Mit-Angst und -Schmerz der Schweiß manchmal ausbricht. Halten möcht ich Dich! Ausgehalten werden *muß* es, wir mögen thun was wir wollen! Was *über Dir ist,* mein über alles Liebes, Geliebtes, verlangt danach, Du selbst bist es, die daraus hervorgeht, Wehen sind es, – aber nichts Grausames, Unedles erlegt sie Dir auf, wie alte Träume Dich manchmal das ahnen ließen, – sondern das Leben, das unendliche, will es so, des Lebens ›stirb und werde!‹, darin wir alle eins sind, – Ein hinaufstrebender Mensch! Ich kann nicht mehr schreiben, ich bin ja so ganz, ganz mit Dir.« [Brief an Frieda von Bülow (Ende 1908); zit. nach Lebensrückblick S. 262]

AM ENDE DES WEGS
《1911–1921》

Im August 1911 weilte Lou Andreas-Salomé für mehrere Wochen bei der schwedischen Schriftstellerin und Pädagogin Ellen Key in deren Haus bei Alvastra. Die beiden Frauen hatten sich 1898 nach Lous Rezension von Keys »Mißbrauchte Frauenkraft« kennengelernt und führten einen zwar unregelmäßigen, aber von Zuneigung und gegenseitigem Respekt geprägten Briefwechsel. 1909 waren sie zusammen in Paris gewesen, um Rainer Maria Rilke zu besuchen.

Während des Sommeraufenthalts 1911 lernte Lou unter den Bekannten von Ellen Key den Psychotherapeuten Poul Bjerre kennen, der sie mit der Psychoanalyse bekannt machte. Vereinzelt wurde behauptet, Lou sei bereits 1895 Sigmund Freud begegnet.

Dies ist gut möglich, selbst wenn dieser Name in ihrem (nur unvollständig erhaltenen) Tagebuch nicht erscheint.

Einige Bemerkungen von Lou Andreas-Salomé über Hysterie in ihrem Werk lassen den Schluß zu, daß sie zumindest die aktuelle Forschung zum Thema Hypnose und Hysterie kannte – vielleicht aus ihrer Arbeit mit Friedrich Pineles. Außerdem hatte Lou im Herbst 1895 sowohl mit dem Schriftsteller und Arzt Arthur Schnitzler engen Kontakt als auch mit anderen Wiener Ärzten, wie z. B. Professor Müllner oder Professor Benedict. Eine persönliche Begegnung mit Sigmund Freud ist jedoch nicht zweifelsfrei belegt.

Als Lou sich nun in diese neue Lehre hineinarbeitete, war sie sofort fasziniert von den Perspektiven zur Interpretation der menschlichen Psyche, die sich ihr damit eröffneten. Mit der ihr eigenen Energie stürzte sie sich in die Lektüre und in fachliche Diskussionen mit Poul Bjerre, der diese Vehemenz auf sich bezog. Und obwohl Lou Bjerres kranke Frau Gunhild kannte und sehr mochte, ging sie doch eine Affäre mit ihm ein, die endete, sobald sie ihr wissenschaftliches Interesse an Bjerre verlor: »Die geistige Nähe zweier Menschen verlangt nach körperlichem Ausdruck, – aber der körperliche Ausdruck verschlingt die geistige Nähe«, lautet schon einer ihrer Aphorismen von 1882. Das letzte Treffen fand im April 1912 statt.

Seit Lou auf dem 3. Psychoanalytischen Kongreß im September 1911 Sigmund Freud und seine Mitarbeiter persönlich kennengelernt hatte, stand für sie fest, daß sie in Wien bei Freud selbst die Psychoanalyse studieren wollte. Zielgerichtet trieb sie ihre autodidaktischen Studien voran und verbrachte das Wintersemester 1912/13 in Wien.

In der Psychoanalyse glaubte Lou Andreas-Salomé, ihre geistige Heimat gefunden zu haben. Schon immer hatte sie sich – von der Philosophie herkommend – für die seelischen Gegebenheiten des Menschen interessiert; verstärkt durch die enge Freundschaft mit einer so komplexen wie ergreifenden Persönlichkeit wie Rainer Maria Rilke. Daß es nun einem Menschen gelungen war, eine wissenschaftlich fundierte Systematik in das diffuse Wissen um die menschliche Psyche einzubringen, und daß es geschehen war, ohne sich von häßlichen und ekelerregenden Befunden abschrecken zu lassen, das war es, was die reife Lou Andreas-Salomé mit ihren 50 Jahren zu einer überbordenden Dankbarkeit Freud gegenüber hinriß. Freud seinerseits lernte nach anfänglicher Skepsis die geistigen und menschlichen Qualitäten von Lou Andreas-Salomé schätzen. Es wurde eine tiefe Freundschaft daraus, die aus dem langjährigen intensiven Briefwechsel zu erschließen ist.

Im Kreis der Mitglieder der Psychoanalytischen Mittwoch-Gesellschaft freundete Lou sich mit Viktor Tausk und Sandor Ferenczi näher an. Vor allem um die schillernde Persönlichkeit von Viktor Tausk, der 1919 seinem Leben ein Ende setzte, ranken sich viele widersprüchliche und polemisch überhöhte Meinungen. Lou hingegen fand den »blonden Dickschädel« gleich sympathisch und verbrachte im weiteren Verlauf des Semesters viel Zeit mit ihm. Schwerpunkt dieser Treffen war in den meisten Fällen die psychoanalytische Arbeit – sei es an konkreten Fallgeschichten, sei es mehr theoretisch ausgerichtet. Durch die Bekanntschaft mit Tausks Schwester Jelka und seinen beiden Söhnen bekam das Persönliche mehr Gewicht. Lou war aber aller Wahrscheinlichkeit nach nie Tausks Geliebte.

Mit zunehmenden Dissonanzen zwischen Tausk und Sigmund Freud gegen Ende 1912 zog sich auch Lou nach und nach zurück. Nicht aus Gefolgstreue zu Freud, sondern weil sie das Gefühl hatte, sie könne Tausk nicht mehr helfen bei seiner Auseinandersetzung mit Freud. Sie unterstützte ihn noch bei den Vorbereitungen für seinen Vortrag auf dem Münchner Kongreß im September 1913, danach waren ihre Möglichkeiten erschöpft.

Lou Andreas-Salomés Tagebuch »In der Schule bei Freud« ist ein wichtiges Dokument in der psychoanalytischen Geschichtsschreibung, da es das einzige ist, das über Freuds Kollegs und vor allem vom fatalen 5. Psychoanalytischen Kongreß berichtet, auf dem sich die Abspaltung C.G. Jungs und seiner Anhänger vollzog.

Im Lauf dieses Kongresses stellte Lou ihrem verehrten Lehrer Sigmund Freud auch Rainer Maria Rilke vor, der sich schon Ende 1911 – sobald er von Viktor Emil von Gebsattel über Lous Teilnahme am Weimarer Kongreß informiert worden war – für die Psychoanalyse als Therapie für seine Arbeitsstörungen interessiert hatte. Gemeinsam mit Gebsattel hat Lou Rilke von einer Analyse abgeraten, da sie nicht sicher war, ob dadurch nicht sein schöpferisches Genie beeinträchtigt würde. Erst kurz vor Rilkes Tod revidierte sie diese Annahme.

Anstelle einer vollständigen Psychoanalyse deuteten Lou und Rilke gemeinsam während einer Reise nach Dresden, wo Rilke das Sanatorium Krummhübel besuchen wollte, behutsam einige seiner Träume. Über die Jahre hinweg führte sie ihn auf diese Weise am Rand der Psychoanalyse entlang – wohl abgesprochen mit Viktor Emil von Gebsattel, mit dem Lou in diesen Jahren häufig verkehrte und der Rilkes Frau Clara psychoanalytisch behandelte.

Während dieser Reise besuchten Lou und Rilke gemeinsam mit Freunden, u.a. Anna und Thankmar von Münchhausen und Sidonie Nadherny, Anfang Oktober 1913 die legendäre Aufführung von Paul Claudels »Verkündigung« und am Tag darauf eine Aufführung von Dalcroze-Tänzen im Festspielhaus der Gartenstadt Hellerau bei Dresden.

Noch vor ihrer Rückkehr nach Göttingen begann Lou im Oktober oder November 1913 mit der analytischen Praxis, die sie bis an ihr Lebensende fortführte. Die Schriftstellerei hängte sie an den Nagel. Echte Sorge um die Menschen, die sich ihr als Patienten anvertrauten, und Freude über deren Heilung spiegeln sich in ihren Briefen an Freud oder Rilke wider. Lou ging derart in ihrer psychoanalytischen Praxis auf, daß sie die Patienten während eines Krankenhausaufenthalts sogar an ihr Krankenbett kommen ließ.

Neben der psychoanalytischen Praxis in Göttingen hat Lou Andreas-Salomé auch Lehranalysen am Berliner Psychoanalytischen Institut und an der Klinik der Stadt Königsberg durchgeführt.

Lou Andreas-Salomés Beiträge zur psychoanalytischen Theorie haben erst in letzter Zeit wieder eine gewisse Aufmerksamkeit erfahren. Ein Grund für die Verzögerung einer entsprechenden Würdigung liegt wohl auch daran, daß Lou sich nie exakt an die psychoanalytische Terminologie gehalten hat und dadurch die Lektüre ihrer Texte erheblich erschwert ist. Lou selbst hat wohl auch nie auf eine entsprechende Würdigung Wert gelegt. Wichtig war ihr nur die Anerkennung durch Freud – und die besaß sie.

◄ *Ellen Key mit ihrem Hund Wild, 1911*

»**E**llen Key war mir menschlich so gut, daß sie sogar meine
Abneigung wider ihre Bücher humoristisch ertrug, auch wenn sie
mir drohte: ›Du Ochs, dann komme ich nächstesmal nicht zu
Dich nach Göttingen, sondern gehe gleich per Fuß zu Italien.‹ Sie
war so gern bei uns, wie auch ich bei ihr in Schweden in ihrer
Behausung am Wettersee, einmal einen Spätsommer [1911] lang.«
[Lebensrückblick S. 175]

❮ *Ellen Keys Haus Strand bei Alvastra in Schweden, 1913*

❮ *Ellen Key, 1911*

»**In** Strand. Ein Bilderbuch bringen wir von Ellen mit, könnte man das alles zeichnen und aufzeichnen! Ellen nackt im Garten arbeitend, in der Sonne jubelnd. Ellen als Hausfrau (mit allen ihren Überraschungen). Ellen im An-sichtswechsel, den sie eigentlich gar nicht bemerkt, ihre ›Ansichten‹ ablegend wie Gewänder, hier, wo sie nackt und glücklich in der Sonne steht. (Diese Ansichten waren umkleidete, ungelebte Liebe.) Ellen an Wild ihre Pädagogik realisierend und ihre Ideen über Kindererziehung: das Resultat traurig, er ver-beißt sich einfach in ihren Arm, wenn sie das Zimmer nicht verlassen soll [...]« [TB August 1911; unveröffentlicht]

Drei Postkarten aus der näheren Umgebung von Strand (Text der Rückseite vgl. unten)

»**M**ein Herzensaltchen! Diesen Brief schreib ich aus lauter Karten, damit Du ein Bild von hier Dir machen kannst. Alles ist aus unserer nächsten Umgebung, außer der Karte mit dem Haus, das gehört Heidenstam, dem Dichter, den wir dieser Tage besuchen wollen, und der 1 Eisenbahnstunde weit wohnt. [...] Wir werden ungefähr im Ganzen 3 Wochen hier bleiben, also noch innerhalb der nächsten Woche nach Stockholm gehen, was nahe von hier ist, und dann die Rücktour langsam machen mit Umweg über Dalarne und Falun, wo der Maler Anders Zorn und Selma Lagerlöf wohnen, und dann Göteborg und endlich Copenhagen.« [Postkartenbrief an Friedrich Carl Andreas [21. 8. 1911]; unveröffentlicht]

Teilnehmer des 3. Psychoanalytischen Kongresses im September 1911 in Weimar; Sigmund Freud aufrecht stehend in der Mitte, Lou Andreas-Salomé mit Pelzstola in der ersten Reihe als 5. von links, ganz links außen sitzend Poul Bjerre

»**U**nvergeßlich blieb mir allerdings ein nur kurzes Aufscheinen von Lous Aufgenommensein [in der psychoanalytischen Gemeinde] dadurch, daß sie an einem Tisch, der hauptsächlich von Freuds näheren Freunden besetzt war, plötzlich Gegenstand allgemeiner Heiterkeit wurde, und zwar deswegen, weil sie tief in Gedanken mit ihrem Halstuch spielend aus ihm kleine Kreise bildete, durch die sie einen Bleistift steckte und wieder herauszog. Dieses Spiel, öfters wiederholt, hatte in den Augen der Umgebung einen eindeutigen Sinn. Ohne im mindesten von der allgemeinen Heiterkeit sich gestört zu fühlen, gleichsam in unschuldigem Einverständnis mit dem Sinn der Zuschauer, brach Lou völlig unberührt das Spiel ab.« [Gebsattel S. 8 f.]

❮ *Poul Bjerre »Der geniale Wahnsinn«, 1905;
er hat Lou Andreas-Salomé im Sommer 1911
mit der Psychoanalyse bekannt gemacht*

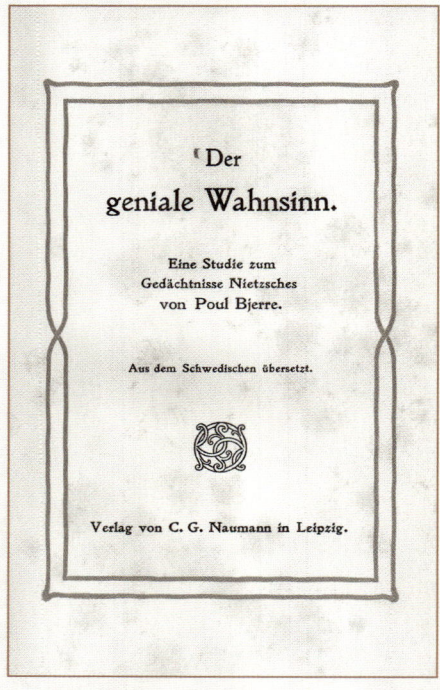

»**U**nd dann kam Stockholm. […] Bjerres
Neckereien bei den Bären und in der Arsenal-
straße. Er ist wie ein großer froher Junge
geworden. In 1 Nacht. Heißes Bad; langer
Schlaf, um 5 Uhr zu Gunhild. Sie erwartet
mich am Kaminofen; leider aber wie eine
Schwester; langes Beisammensein, zu zweien,
dann zu dreien mit Bjerre.« [TB November
1911; unveröffentlicht]

»**B**egeisterung und ein Mensch, der ihre Begeisterung teilte, ja von ihr sich anstecken ließ,
machten aus ihrem Zusammentreffen [Bjerre
und Lou] einen Bund: ununterscheidbar
mischten sich in diesen Bund Begeisterung
und Persönliches.« [Gebsattel S. 11]

❮ *Gunhild, Ehefrau von Poul Bjerre; sie war schwer krank und wurde von ihrem Mann aufopferungsvoll gepflegt*

»**W**ie sollte irgendwelche Frau das nicht verwechseln: Erstarrung mit Treue, Lebensangst mit Liebe, Krankheit mit ›Moralität‹, Verdrängungen mit Sublimationen, das Zuwenig an echter, befreiter Hingabe, die sich aus der Welt das Ihre erwählt, mit dem scheinbaren Zuviel der Bedürftigkeit gegenüber einer lebensrettenden Medizin?« [TB (etwa Ende 1911); Schule 1965, S. 190 f.]

❮ *Notizhefte von Lou Andreas-Salomé mit Exzerpten aus psychoanalytischen Aufsätzen und Büchern*

»In der Arbeit unablässig Ps.A., mit immer wachsender Bewunderung für Freuds Rückhaltlosigkeit; ich komme tiefer hinein als durch Bjerre, sehe, wo er Halt macht. Wenn man das vermeidet rauschen Quellen auf.« [TB Dezember 1911; Freud-Brw S. 234]

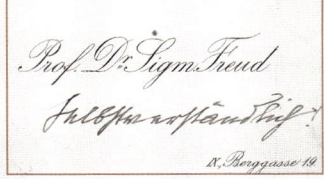

❮ Sigmund Freud, etwa 1921; herausge-
rissenes Vorsatzblatt mit der handschriftlichen Widmung auf der Rückseite:
»Erinnerung an den Berliner Kongress
1922 mit herzlichem Gruss an Lou von
Freud«

❮ Visitenkarte von Sigmund
Freud mit der handschriftlichen
Antwort auf Lous Bitte um ein
Treffen vom 20. November 1912:
»Selbstverständlich!«

»**U**nd so blieb auch der Eindruck im
ganzen: daß das Theoretische keineswegs
festgenagelt ist, sondern sich weiter nach
den Erfahrungen regelt, und daß, was
diesen Menschen groß macht, einfach der
Forschermensch selber ist, der ruhig wei-
terschreitet, rastlos arbeitend. Ja vielleicht
ist der ›Dogmatismus‹, den man ihm vor-
wirft, grade aus der Notwendigkeit entstanden, in diesem rastlosen Weitergehn
doch irgendwo orientierende Grenzen
abzustecken, schon für die, die arbeitend
mit ihm gehn.« [Schule S. 18 f.]

»**I**hre Bemerkungen zum Narziß-
mus nehme ich nicht als Einwände,
sondern als Anweisungen, weitere
begriffliche und sachliche Auf-
klärungen zu versuchen.«
[Brief von Sigmund Freud vom
31.1.1915; Freud-Brw S. 29]

»**S**eien Sie über die Anrede ›Ver-
steherin‹ nicht böse: ich weiß
wohl, daß Sie mehr leisten, aber
von allem andern ist das tiefe
Verständnis – mehr verstehen, als
da steht – die Grundlage.«
[Brief von Sigmund Freud vom
14. 7. 1916; Freud-Brw S. 53]

❮ *Lous Nichten Ljubow, die Tochter von Lous Bruder Robert, und Ina, die Tochter von Lous Bruder Alexander, etwa 1905*

»Im engen Zusammensein mit den Meinen, namentlich wenn ich Ljubotschka und Ina so häuslich sehe, fühle ich sehr gut, daß ich eine so liebe Tochter und Schwester nie hätte sein können, oder doch daß ich kälter wäre als sie. Das Alleinseinmüssen, das Leben nach innen und für sich, war mir ebenso unabweisbar Bedürfnis, wie auch der Anschluß und die Wärme unter Menschen. Beides gleich stark und leidenschaftlich, aber getrennt voneinander und deshalb auf Wechsel und Wechselwirkung gestellt, und eben dies erscheint wie treulos, wetterwendisch.« [TB 1. 9. 1906; unveröffentlicht]

»Ich muß Dir heute noch von einem Sterben schreiben [...], aber das für mich auch kein Tod ist. Meine Mutter ist sanft eingeschlafen. Sie wollte nicht in das 90te Jahr hinübergehn, ging fort. Das tat sie ganz sanft und wie im Traum. Ich sage es Niemanden hier, ich will nicht darauf angesprochen werden wie auf einen Todesfall. Ich werde deshalb auch versuchen, nicht die verräterische und häßliche ›Trauer tragen‹ zu müssen. Aber weiß würde ich mich gern kleiden für sie.« [Brief an Rainer Maria Rilke vom 13. 1. 1913; Rilke-Brw S. 282]

◀ *Marie von Ebner-Eschenbach, 1913*

»**A**uch später, sobald ich mich in Wien aufhielt durfte ich jedesmal, zuerst von
Fritz Mauthner hingebracht, bei Marie von Ebner-Eschenbach verweilen; das
letztemal noch 1913, wenige Jahre vor ihrem Tode [...]. Unvergeßlich bleiben
mir die Stunden bei ihr – die Stille und, wie soll ich Bezeichnung dafür finden:
die *Wesenhaftigkeit*, die von ihr ausging.« [Lebensrückblick S. 107]

❮ *Wien, Café Griensteidl*

»In Wien, im damals ziffernmäßig noch kleinen Kreis um
Freud, fand ich mich aufgenommen in eine Gemeinschaft, die
mir ihres Ziels wegen vorkam wie Verschwisterung. Für mich
lag darin manches, was ähnlich wohltuend wirkte wie unser
Kreis um Paul Rée: ja sogar wie Wiederkehr jener Selbstverständlichkeit, womit ich zwischen meinen Brüdern stand – trotz
unserer Verschiedenartigkeit doch von gleichen Eltern stam-
mend. Man hatte sich, und sei's aus fernsten Weltteilen, frem-
desten Ländern, gleichgesinnt gefunden.« [Lebensrückblick
S. 179]

❮ *Viktor Tausk, etwa 1912; die teilweise unkenntlich gemachte lateinische Widmung bezieht sich auf die Metamorphosen des Ovid (VI, 376): Die Göttin Latona verwandelt Bauern in Frösche, weil sie sich aus Bosheit geweigert haben, der Göttin und ihren Kindern Wasser aus dem Weiher zu geben: »Auch unter Wasser getaucht, versuchen sie [die Frösche bzw. Bauern] noch zu schmähen«; wahrscheinlich hat Lou selbst die Streichungen vorgenommen*

»**Es** ist interessant und seltsam, wie jemand in allen Analysen (sie sind ihm alle doch Verschiebungen seiner eignen, und die Sehnsucht nach ihnen ist nur die Sehnsucht, sich analysiert zu bekommen, auf Tiefgründigstes kommen kann und doch am Naheliegenden vorbeigeht, wenn es ihn betrifft. Als ich ihm das vom ›Muttersein‹ in ihm sagte, war er erst wie erlöst – und dann die nächsten Tage gequälter noch als sonst: das Maß des Widerstandes, das die Einsicht verhindert hatte, mußte irgendwo hinaus.« [Schule S. 188 f.]

❮ *Viktor Tausk mit seinen Söhnen Marius (rechts) und Hugo (links), 1918*

»**Liebe** Lou und Br.T. [Brudertier], ein Brief von Dir kommt immer aus einer besseren Welt. Ist es weit von München bis nach Wien? Seit dem Kongreß 1913 habe ich kaum mit einem Menschen gesprochen. Meine Einsamkeit ist jetzt eine vollkommene. Nun habe ich mein 40stes Jahr hinter mich gebracht und wünsche mir eine Gefährtin für meine Lebensabende. Kennst Du eine, die kennen zu lernen sich verlohnte?« [Brief von Viktor Tausk vom 26.3.1919; Tausk S. 550]

❮ *Viktor Tausk »Zur Psychologie der Kindersexualität«, 1912*

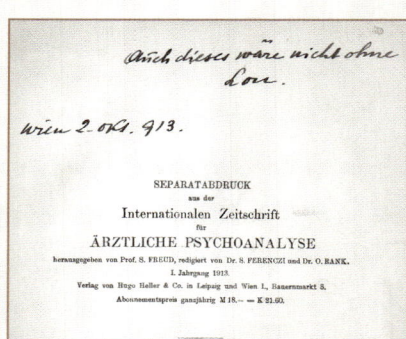

❮ *Sandor Ferenczi mit seiner Frau Gizella, etwa 1920*

❮ *Budapest, Parlament (Postkarte von Lou Andreas-Salomé an Marius und Hugo Tausk von April 1913); Lou besuchte dort Sandor Ferenczi*

»Ich mußte auf das Stärkste dabei des Eindrucks gedenken, den ich [...] während kurzer gemeinschaftlicher Arbeit durch Gedanken Ferenczi's hatte: da erwies sich, daß unsere einander entgegengesetzten Auffassungen plötzlich zusammenstimmten, wenn man die Wörter Tod und Leben vertauschte, worüber wir sehr lachten.« [Brief an Sigmund Freud vom 26. 12. 1920; Freud-Brw S. 117]

»Mir sind diese Budapester Tage so wertvoll, nach den Wiener Stunden schon mit Ferenczi, dem ich immer näher kam. Seine Arbeiten (auch Arbeitsart) interessieren mich leidenschaftlich.« [Schule S. 147]

❮ *Rainer Maria Rilke, 1917*

»**W**eißt Du, das ist auch eine Erkenntniß deren Kommen mir mächtig war in den letzten Jahren: daß alle Neurose ein Wertzeichen ist, daß sie bedeutet: hier wollte Jemand bis an sein Äußerstes, – darum entgleiste er eher als Andere, – sie, die Gesundgebliebenen, waren gegen ihn einfach die Vorliebnehmenden; sein edelster Anspruch machte ihn unter ihnen klein.« [Brief an Rainer Maria Rilke vom 16. 3. 1924; Rilke-Brw S. 463 f.]

❮ *Gartenstadt Hellerau bei Dresden, Festspielhaus »Bildungsanstalt Jacques-Dalcroze«*

»**S**onntag. […] zu ½ 5 mit Rainer und der kleinen Nadherny per Auto nach Hellerau zur Aufführung [von Paul Claudels ›Verkündigung‹], Claudel, Van der Velde, Kippenbergs, Werfel etc. Abends mit Thankmar [von Münchhausen], Nadherny und Rainer ins Hotel, wo Treffpunkt der Hellerauer; unser Tisch. Montag. Werfel uns zum Vegetarischen abgeholt, die ersten langen Gespräche mit ihm; nachmittags mit ihm nach Hellerau und zu Anna Münchhausen, dann die Dalcroze-Tänze […].« [TB 5.–6. 10. 1913; unveröffentlicht]

❮ *Anna und Thankmar von Münchhausen, 1914; Anna von Münchhausen war eine angeheiratete Tante von Frieda von Bülow und kannte Lou bereits seit deren erster Bekanntschaft mit Frieda*

»**O**ft und oft dachte ich ja in diesen fünf Monaten an Sie, und es macht mich glücklich zu denken, daß Sie Thankmar jetzt in den Armen halten konnten, wohlbehalten und zunächst nun außer Gefahr. Ich wußte auch: neben aller atemraubenden Bangigkeit ist ja in diesem Schicksal etwas, was Sie ihm zugleich *gönnen,* – so wie er ist, und so wie Sie sind. Nur Sie gönnten ihm immer alles.« [Brief an Anna von Münchhausen vom 16. 1. 1915; unveröffentlicht]

SEPARATABDRUCK aus IMAGO,

Zeitschrift für Anwendung der Psychoanalyse auf die Geisteswissenschaften.
Herausgegeben von Prof. SIGM. FREUD, redigiert von Dr. OTTO RANK u. Dr. HANNS SACHS.
III. Jahrgang 1914, 1. Heft (Februar). Verlag von Hugo Heller & Co. in Leipzig und Wien, I. Bauern-
markt 3. — Abonnementspreis ganzjährig M. 15.— = K 18.—.

Zum Typus Weib.

Von LOU ANDREAS-SALOMÉ.

I.

Was ich hier vorhabe, ist nur ein Stück Gedankenspaziergang: anfangs entlang an persönlich eng umgrenztem Weg, dann hinstrebend in weitern Gesichtskreis, um endlich, wenn auch nur ein paar Schritte höher, zu sachlichem Überblick darüber hinaus zu gelangen.

Recht persönlich muß ich damit beginnen zu sagen, daß sich meine allerfrüheste Erinnerung auf Knöpfe bezieht. Auf geblümtem Teppich darauf ich saß, stand vor mir geöffnet ein brauner Kasten, in dessen Inhalt, unter gläsernen, beinernen, bunten, phantastisch geformten Knöpfen, ich kramen durfte, wenn ich entweder sehr artig gewesen war, oder wenn meiner alten Wärterin keine Zeit für mich übrig blieb. Der Knopfkasten hieß — anfänglich naiv, später ironisch verstanden — der Wunderkasten, und anfangs repräsentierte er für mich wohl auch Wunder schlechthin, dann — vielleicht weil man mich die entsprechenden Wörter daran kennen lehrte, bewunderte ich in den Knöpfen ebensoviele Saphire, Rubine, Smaragden, Diamanten und anderes Edelgestein, wodurch noch heute das russische Wort für »Juwel«[1] mir einen seltsam erinnerungsreichen Klang behalten hat. Die Knopfjuwelen blieben auf lange hinaus der Inbegriff dessen, was als wertvoll betont, und deshalb gesammelt nicht fortgegeben wird (wie in der Tat die damals verhältnismäßig kostspieligeren Modeknöpfe nach Verbrauch der Kleidungsstücke aufbewahrt wurden). Und mir ist, als ob diese Vorstellung der Knöpfe als kostbarster Stücke sich in mir bereits unmittelbar zurückgegründet haben müsse auf eine noch ursprünglichere, wonach sie unveräußerliche Teile darstellten — gewissermaßen Teilstückchen meiner

---

[1] »jemtschug«.

»Eben deshalb ist es mir sehr wichtig, ob ich jeden einzelnen [Aufsatz von Sigmund Freud] ganz genau verstanden habe, ob ich nicht verkehrterweise was davon auffasse, und das ist auch der Punkt gewesen, der mich beim letztenmal beunruhigte. Die Art, wie es sich dann in einem selber verarbeitet, die ist ja verschieden bei verschiedenen Menschen, aber mir dürfte nie ein Mißverstehen dabei unterlaufen, hinsichtlich dessen was Sie damit wollten; wenigstens möchte ich um das redlich und herzlich bemüht sein.« [Brief an Sigmund Freud vom 21. 5. 1916; Freud-Brw S. 49]

❮ *Rainer Maria Rilke mit seiner Frau Clara Westhoff, 1907*

»In der neuen Analyse mit ihr probierte Gebs[attel] eine vielleicht für Clara passende Idee; aber er sah auf einmal alles mit ihren Augen an und ihrer Urteilsweise. Dies kommt von seiner eignen Unsicherheit, die mir gesteigert scheint; mir ist viel Sorge um ihn geblieben und imgrunde nur noch diese, denn sein Denken, das abstrakteste Denken, ist schon nicht mehr intakt gegenüber dem Neurotischen in ihm. Momentweise empfand er selbst seine Analysen Andrer als bloßen Ersatz nicht weit genug gegangener Selbstanalyse und insofern mißbräuchlich.« [Brief an Rainer Maria Rilke vom 12.9.1914; Rilke-Brw S. 364]

»**W**eißt Du, daß nach einem Vortragsabend in Berlin, wo Scheler Werfel's Gedichte hörte, er ganz hingerissen gewesen ist? Und zwar sowohl von den
Gedichten wie von ihm persönlich; er meinte: Werfel sei als Dichter ja grade
das, was er, Scheler, als Philosoph sein wolle. Vielleicht liegt die letzte Erklärung dafür im: ›sein wolle‹. Denn hinter dem Bedeutenden und Großen
Scheler'scher Philosophie steckt auch ein Antrieb sich irgendwie in sie zu ret-
ten.« [Brief an Rainer Maria Rilke vom 16. 2. 1914; Rilke-Brw S. 312]

❮ *Sigmund Freud mit den Chowchows Jofie und Tattoun (aufgenommen von Anna Freud), 1931*

»**A**us Verzweiflung an der kriegenden Menschheit [Erster Weltkrieg] lege ich mir soeben einen Hund zu. (Sie – eine Katze?)« [Brief an Sigmund Freud vom 10. 1. 1915; Freud-Brw S. 29]

»**A**ch, es nützt aber so wenig die Möglichkeiten zu bedenken, zu besprechen, grade wie wenn es sich um Erdbeben, Pest, oder sonst irgend eine Naturkatastrophe handelte, der gegenüber man blinder Staub würde. Nur *ist* es eben keine Naturkatastrophe, sondern von *Menschenbewegungen* veranlaßt, vom bewußten Tun Unsresgleichen, und über diese Empörung, über die innerste Auflehnung dagegen, kommt man nicht hinweg. Ich finde im Gegenteil, sie nimmt immer nur noch zu, nach dem ersten Betäubenden des unerwarteten Anfangs.« [Brief an Emma Flörke (1915); unveröffentlicht]

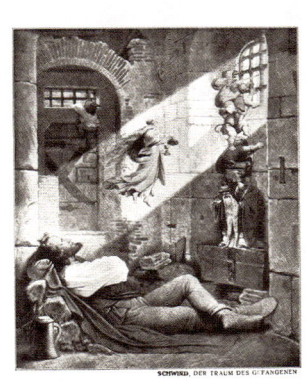

VORLESUNGEN

ZUR EINFÜHRUNG IN DIE

PSYCHOANALYSE

VON

PROF. DR. SIGM. FREUD

DREI TEILE:

FEHLLEISTUNGEN
TRAUM
ALLGEMEINE NEUROSENLEHRE

MIT EINEM SACHREGISTER

DRITTE, DURCHGESEHENE AUFLAGE

1920
INTERNATIONALER PSYCHOANALYTISCHER VERLAG G.M.B.H.
LEIPZIG   WIEN   ZÜRICH

SCHWIND, DER TRAUM DES GEFANGENEN

Beilage zu Freud, Vorlesungen II.

»An das Dasein nach der Uhr und auf die Minute hab ich mich gut gewöhnt, und psych. analyt. Arbeit beglückt mich so, daß ich sogar als Milliardärin mit nichten von ihr ließe.« [Brief an Rainer Maria Rilke vom 4.1.1922; Rilke-Brw S. 442]

»Jetzt frage ich mich nicht nur beim Kranken: wodurch erkrankte er? sondern auch, nicht minder argwöhnisch, beim Gesunden: wodurch blieb er gesund? Und seitdem giebt es in den Analysen [...] Augenblicke, so die Betreffenden sich ihrer vorsichtig, umsichtig eng-erhaltenen Gesundheit ein bischen schämen oder wenigstens eine neue Ehrfurcht lernen.« [Brief an Rainer Maria Rilke vom 16.3.1924; Rilke-Brw S. 464]

GELEBTES ALTER 〈1921–1937〉

Seit dem Ausbruch des Ersten Weltkriegs konnte Lou Andreas-Salomé nicht mehr in ihre Heimat reisen und litt sehr unter den spärlichen Nachrichten und dem traurigen Schicksal ihrer Familie seit der Oktoberrevolution. Jedoch die Arbeit mit ihren Patienten machte ihr Freude und gab ihr innere Befriedigung. Die extrem angespannte wirtschaftliche Lage in Deutschland brachte allerdings nur vereinzelt zahlungskräftige Patienten. Die wenigen Reisen, die sie trotz ihrer finanziell angespannten Lage noch unternehmen konnte, galten dem Berliner Psychoanalytischen Institut und Rainer Maria Rilke.

Erst im Dezember 1921 kam sie wieder nach Wien – auf Einladung von Sigmund Freud als Gast in sein Heim. Und wieder war es wie eine Wende des Schicksals: In Freuds jüngster Tochter Anna fand sie eine Freundin, die in ihrer Offenheit und Lebhaftigkeit frischen Wind in Lous Leben brachte. Die beiden Frauen arbeiteten miteinander und unternahmen viel, u. a. besuchten sie Arthur Schnitzler und Richard Beer-Hofmann. Und nachdem Lou abgereist war, begannen sie einen intensiven Briefwechsel.

Die wichtigsten Gegenstände in der umfangreichen Korrespondenz der beiden altersmäßig so weit auseinanderliegenden Freundinnen waren die persönliche Entwicklung von Anna Freud und das körperliche Wohlergehen des ab 1923 an Krebs erkrankten Sigmund Freud. Gerne besuchte Anna Lou in Göttingen, obwohl ihr die eigene psychoanalytische Praxis bald kaum mehr Zeit für private Reisen ließ. Aber man traf sich dann eben in Berlin, wohin die Freuds neben den psychoanalytischen auch familiäre Bande hatten.

Zusammen mit Lou arbeitete sich Anna immer tiefer in die Psychoanalyse hinein, um dort ihren eigenen Weg zu finden. Auf diese Weise bewältigte sie auch den für die Aufnahme in die psychoanalytische Vereinigung notwendigen Vortrag. Im Gegenzug veranlaßte Anna 1922 die Aufnahme von Lou Andreas-Salomé in die Wiener Vereinigung, der diese zeitlebens näher gestanden hatte als der Berliner oder gar der Münchner Sektion.

Die Dreiecksbeziehung zwischen Sigmund Freud, seiner Tochter und Lou Andreas-Salomé läßt sich nicht in einfache Kategorien fassen. Lou betrachtete Anna als gleichwertige Freundin und vielleicht sogar als Schwester. Das mag tatsächlich ihre Vorstellung gewesen sein, aber Lou verkannte dabei, daß sie selbst Anna zugleich als Freud-Ersatz benutzte, um ihn bei fortschreitender Krankheit nicht mehr persönlich mit Fragen behelligen zu müssen.

Anna dagegen fühlte sich zumindest zu Beginn der Freundschaft Lou geistig unterlegen und sah bewundernd zu ihr auf. Im Lauf der Jahre wurde sie jedoch immer selbstsicherer. Freud sah der Entwicklung wohlwollend zu und befürwortete stillschweigend Lous Rolle als Mentorin seiner Tochter auf ihrem schwierigen Weg zu sich selbst und in seine Nachfolge hinein. Er forcierte damit Lou als geistige Mutter Annas, obwohl Lou doch in ihm das »Vatergesicht« über ihrem Leben sah. Von seinem Urteil hing alles ab. Von ihm wollte sie ihre eigenen Ausführungen akzeptiert wissen.

Freud honorierte dies: In der Geschichte der Psychoanalyse gibt es wohl keine derart wohlgefälligen Bemerkungen über psychoanalytische Werke, die nicht aus seiner Feder stammen, wie die über Lous Aufsätze und briefliche Formulierungen, insbesondere über ihren offenen Brief »Mein Dank an Freud«.

Daß Lous Mentorschaft für Anna sich nicht nur auf die intellektuelle, sondern auch auf die persönliche Entwicklung bezog, zeigt unter anderem das Fragment der Erzählung »Die Geliebte«. Lou hat sie zum 30. Geburtstag von Anna Freud verfaßt. Darin geht es um die unterschiedlichen Charaktere zweier junger Frauen: die mit typisch weiblichen Eigenschaften ausgestattete Mathilde (wohl nicht zufällig der Name von Freud ältester Tochter) und die mehr aufs Kontemplative ausgerichtete Dina.

Die eben genannte Prosaarbeit gehört neben Erzählungen wie »Die Stunde ohne Gott« oder »Jutta« die autobiografische Erlebnisse verarbeiten, und szenischen Spielen wie »Der Teufel und seine Großmutter« und »Die Tarnkappe« zu den wenigen rein schriftstellerischen Arbeiten seit Lous Begegnung mit der Psychoanalyse.

»Die Tarnkappe« ist am ehesten als Lous Interpretation von Rilkes Persönlichkeit zu verstehen, die sie in den Qualen seiner letzten Jahre immer wieder intensiv beschäftigt hat. Im Gegensatz dazu ist das Erinnerungsbuch »Rainer Maria Rilke« eine Darstellung des Dichtergenies aus persönlicher Sicht, in dem sie von Begegnungen erzählt und aus Briefen zitiert. Der Kontakt zu Rilkes Tochter Ruth, die ihren Namen in Anlehnung an die gleichnamige Erzählung von Lou Andreas-Salomé erhalten hatte, blieb auch nach Rilkes Tod Ende 1926 erhalten.

Im Oktober 1930 neigte sich das Leben von Friedrich Carl Andreas seinem Ende zu. Lou blieb allein mit ihrer kleinen Familie, die für Haushalt und Haus sorgte, im Haus am Göttinger Hainberg. Doch bald gesellte sich ein weiterer Bewohner hinzu: Konrad von Salomé, ein Großneffe, der aus dem revolutionären Rußland entkommen war. Lou nahm ihn freudig auf und adoptierte ihn sogar, um ihm das Erbrecht zu sichern. Zu ihrer Enttäuschung entpuppte er sich als leidenschaftlicher Spieler, der Lou unter verschiedensten Vorwänden Geld für diesen Zweck entlockte. Um ein rechtliches Gegengewicht für diese Verschwendungssucht aufzubauen, adoptierte Lou nun auch Maria Apel, die ihr in der Nachfolge ihrer Mutter seit vielen Jahren treu den Haushalt führte.

Doch auch neue Freunde stellten sich noch ein: der Philologe Ernst Pfeiffer und der Philosoph Josef König. Pfeiffer war ursprünglich zu Lou Andreas-Salomé gekommen, um psychoanalytische Hilfe für einen (anderen) Freund auf dem Umweg über eine Lehranalyse zu erbitten. Als er dann mit Lou intensiv ins

Gespräch kam, war er von der Persönlichkeit dieser Frau so fasziniert, daß er ihre Freundschaft suchte. Er und sein Freund Josef König arbeiteten mit Lou zusammen, die in dieser Zeit bereits häufig bettlägerig war, und lasen ihr vor, da sie aufgrund ihrer Diabetes immer schlechter sah. Ernst Pfeiffer half ihr auch, ihren Nachlaß zu ordnen und die Autobiografie »Lebensrückblick« zu überarbeiten.

Am 5. Februar 1937 starb Lou Andreas-Salomé – bis dato unbehelligt von den Nationalsozialisten – in ihrem Haus am Göttinger Hainberg. Die Urne wurde im Grab von Friedrich Carl Andreas beigesetzt. Erst danach konfiszierten die Behörden die Bibliothek, um der »jüdischen« Wissenschaft der Psychoanalyse den Garaus zu machen. Ernst Pfeiffer ist es zu verdanken, daß ein Teil der Bibliothek und vor allem die vielen Autographen, darunter die Briefwechsel mit Friedrich Nietzsche, Paul Rée, Rainer Maria Rilke und Sigmund Freud, gerettet werden konnten.

Noch heute erinnert ein Gedenkstein an Lou Andreas-Salomé, an die Frau, die sich ihren Lebensweg entgegen aller Konvention gesucht hat – nur sich selbst und ihren inneren Zielen verpflichtet. Der Gedenkstein befindet sich in Lous geliebtem Garten mit dem weiten Ausblick über Göttingen und die umgebende Landschaft.

❮ *Martha Freud (aufgenommen von Anna Freud), 1931;*
Lou Andreas-Salomé lernte Freuds Gattin – ebenso wie ihre
Tochter Anna – erst im November 1921 als Gast im Hause
Freud näher kennen

»Jedenfalls hat mir das Zusammenleben [innerhalb der
Familie Freud] tiefen Eindruck gemacht, und ich bin nach-
denklich über diese Dinge, bei denen wir ›frei‹ und ›familien-
gebunden‹ gewöhnlich falsch unterscheiden. Erst ein Gran
›Ungesundheit‹ stört gewöhnlich die mögliche Harmonie der
Freiheit und Sozialität (auch der familienhaften mit ihren
Rücksichtnahmen).« [Tagebuch Dezember 1921; Freud-Brw
S. 270]

❮ *Richard Beer-Hofmann, 1922*

❮ *Wien, Berggasse 19; das Wohnhaus der Familie Freud, in dem sich auch Freuds Praxis befand*

»**S**elten nur gingen Anna und ich fort […] Sonst saßen wir nur bei Beer-Hofmanns (Salten, Schnitzler), und das war, wie es mir immer gewesen ist und nie anders werden kann. Bei Zemek war ich allein.« [Tagebuch Dezember 1921; Freud-Brw S. 272]

»**W**enn ich in diesem Bett nachts einschlief, was meist sehr spät geschah, unterredete ich mich noch im Traum mit Freud weiter; oft auch, weil ich mir klarmachte, daß er, mit analytischer Tagesarbeit überbürdet, nicht immer daran zurückzuerinnern sei, redete ich mir manches stattdessen im Traume los. Sogar, wenn wir abends spät zusammen spazieren gingen (häufig sein einziger Ausgang), sprachen wir bisweilen von ganz anderm […]« [Tagebuch Dezember 1921; Freud-Brw S. 271]

❮ *Anna Freud, 1922*

»**N**och eine Kleinigkeit aus Deinem letzten Brief. Du gibst rückwärts als Deine Adresse diesmal Herzberger Landstraße N. 19 an und da wir an einen Umzug von N. 101 nicht glauben, haben wir es als ein Zeichen dafür genommen, daß Du auch an die Berggasse 19 noch gerne denkst und uns sehr damit gefreut.« [Brief von Anna Freud vom 26. 2. 1922; Anna-Freud-Brw S. 23]

Anna Freud »Schlagephantasie und Tagtraum«, Imago 1922

JMAGO
ZEITSCHRIFT FÜR ANWENDUNG DER PSYCHOANALYSE AUF DIE GEISTESWISSENSCHAFTEN

HERAUSGEGEBEN VON
PROF. DR SIGM. FREUD
REDIGIERT VON
DR OTTO RANK u. DR HANNS SACHS

VIII. BAND (1922)

INTERNATIONALER PSYCHOANALYTISCHER VERLAG
LEIPZIG / WIEN / ZÜRICH / LONDON

Schlagephantasie und Tagtraum   317

Schlagephantasie und Tagtraum.
Von ANNA FREUD[1].

Meine Herren und Damen!

Ich nehme schon seit einer Reihe von Jahren Ihre Gastfreundschaft in Anspruch, habe mich aber bisher noch durch keine Art von Mitarbeit bei Ihnen bemerkbar gemacht. Nun weiß ich zwar aus guter Quelle, daß die Vereinigung ein solches untätiges Zuschauen ihrer Gäste im allgemeinen nicht billigt. Aber ich meine, ich wäre auch heute noch bei meinem Verhalten geblieben, wenn Ihre strengen Regeln nicht jedem, der sich um die Mitgliedschaft bei Ihnen bewirbt, auch vorschreiben würden, vorher etwas von sich hören zu lassen. So ist also mein Ansuchen um Aufnahme in die Wiener Vereinigung der Beweggrund und gleichzeitig die Entschuldigung meines heutigen Vortrags.

In der Mitteilung, die ich vorbringe, handelt es sich um eine kleine Illustration zu dem Aufsatz von Professor Freud »Ein Kind wird geschlagen«. Sie ist in einer Reihe von gemeinsamen Gesprächen mit Frau Lou Andreas-Salomé entstanden, der ich für ihr Interesse und ihren Anteil daran sehr viel zu danken habe.

In dem Aufsatz »Ein Kind wird geschlagen« beschäftigt sich der Autor mit einer Phantasievorstellung, die – wie er sagt – mit überraschender Häufigkeit von Personen eingestanden wird, die wegen einer Hysterie oder einer Zwangsneurose die analytische Behandlung aufgesucht haben. Er hält für recht wahrscheinlich, daß sie noch öfter bei anderen vorkommt, die nicht durch deutliche Erkrankung zu einem solchen Schritt genötigt sind. Diese sogenannte Schlagephantasie ist regelmäßig mit hoher Lust besetzt und läuft in einen Akt lustvoller autoerotischer Befriedigung aus. Ich meine, ich kann den Inhalt dieser Arbeit, die Schilderung der Phantasie,

[1] Vortrag in der Wiener Psychoanalytischen Vereinigung am 31. Mai 1922.

»›Meine neue Freundin‹, wie Du schreibst, ist wirklich sehr großartig und mir ist im Grunde immer noch etwas unheimlich, wie ich zu ihr komme. Aber andererseits lebt man so leicht, einfach und selbstverständlich mit ihr wie mit wenig anderen Menschen, die ich kenne.«

»Sie [Lou] behauptet, daß ich sie [eine Arbeit] ganz alleine mache, aber ich glaube, daß sie sie mir auf eine merkwürdige und okkulte Weise eingibt, dann wenn ich alleine bin, weiß ich doch von solchen Dingen gar nichts.« [Briefe von Anna Freud an ihren Vater; Donn S. 249]

❮ *Anna und Sigmund Freud, 1928*

»**M**ir tut jetzt immer wieder ärgerlich leid, daß ich nicht um 30 oder 40 Jahre früher auf der Welt war; dann hätte ich doch nicht nur so ein verspätetes Anhängsel an Dich und an Papa sein brauchen.« [Brief von Anna Freud vom 24. 11. 1922; Anna-Freud-Brw S. 104]

»**A**nna ist prächtig und selbstsicher, und ich denke oft daran, wieviel sie Ihnen verdanken mag.« [Brief von Sigmund Freud vom 5. 8. 1923; Freud-Brw S. 137]

❮ *Das »Komitee«, das sich vorgenommen hatte, die Entwicklung der Psycho-*
analyse zu überwachen, die sog. Ringträger, 1922; stehend (von links nach
rechts): Otto Rank, Karl Abraham, Max Eitingon, Ernest Jones; sitzend (von
links nach rechts): Sigmund Freud, Sandor Ferenczi, Hanns Sachs; ab 1924 ver-
trat Anna Freud ihren Vater in diesem Komitee; Lou Andreas-Salomé war trotz
anderslautender Gerüchte niemals Trägerin des Siegelrings

»Lieber Herr Professor, eben kommt mir Anna's Nachtbrief zu mit der Benach-
richtigung, daß ich wahr und wahrhaftig volles Mitglied der Wiener ps.a.
Vereinigung geworden bin: sozusagen im Traum geworden bin [...]. Denn was
der Annatochter in Wirklichkeit gelang, den eigentlich für die Mitgliedschaft
notwendigen Vortrag zu halten, das wäre mir wohl vorbeigelungen!« [Brief an
Sigmund Freud vom 26. 6. 1922; Freud-Brw S. 126 f.]

❮ *Anna Freud, 1930; mit der handschriftlichen Widmung: »Ein vorjähriges Bild von mir, nur damit ich auch dabei bin«; Anna hatte mit dem Brief vom 29.11.1931 ein kleines Fotoalbum mit von ihr aufgenommenen Bildern der Freud-Familie an Lou gesandt (vgl. auch die Abbildungen auf S. 162, 170 und 185)*

❮ *Widmung und Deckblatt der Erzählung »Die Geliebte«, die Lou für Anna Freud zu deren 30. Geburtstag verfaßt hat; im Nachlaß von Lou Andreas-Salomé sind nur diese beiden Blätter erhalten*

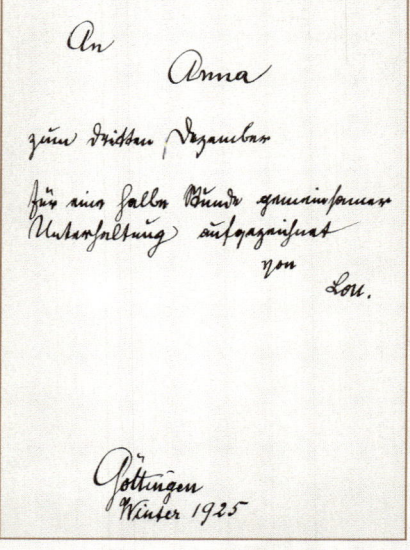

»Im April schien uns [Anna Freud und Lou Andreas-Salomé] das Beisammensein bloße Einleitung für den Juli, im Juli war's aber ganz entschieden auch nur eine für irgend welche andere, anhaltendere Jahreszeit; wir sind zu nichts gekommen als zu einigen Diskussionen zwischen Himbeerbüschen [in Lous Garten], obgleich wir eigentlich immer kolossal fleißig gestimmt waren.« [Brief an Sigmund Freud vom 5.8.1922; Freud-Brw S. 129]

»Weißt Du, die ›Geliebte‹ kanntest du als Tagebuchblatt, aus meinem Verkehr mit Fritz Mauthner; das Endgespräch ist noch draus. Du, man muß nicht erst Weib *werden*, man *ist* es ja *eingeborenerweise; dazu,* genau wie der Mann, *auch* anderes Geschlecht; dies andere Stück kann sich im Weibe viel eher auswirken, als das Weibliche im Mann, bei dem Liebe und Ehrgeiz gegeneinanderstehn (die Mutter kann seinem Ichideal kein Vorbild sein). Wir dagegen bleiben mit beidem in *einem Kreis*, je

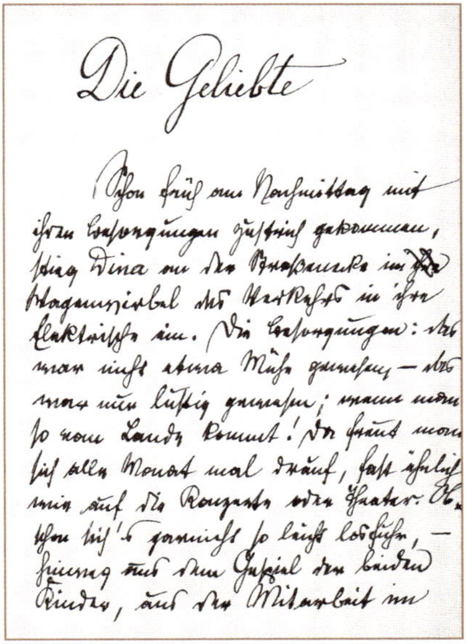

Die Geliebte

»Im Rückerinnern will mir schei-
nen, als ob mein Leben der Psychoanalyse entgegen gewartet
hätte, seitdem ich aus den
Kinderschuhen heraus war.«
[Zum 6. Mai 1926, S. 9]

»Wenn ich statt dessen [der
Übersendung eines Fotos] auch
nur auf zehn Minuten Ihnen in's
Gesicht sehen dürfte – – in das
Vatergesicht über meinem
Leben.« [Brief an Sigmund
Freud vom 4. 5. 1935; Freud-Brw
S. 227]

nachdem dieser von größeren oder kleine-
ren Dimensionen ist, mag sich drin regen,
was immer mag; das Urgeliebte ist Vater
und bleibt es auch in den ›männlichen‹ An-
trieben.« [Brief an Anna Freud vom 13. 12.
(1925); Anna-Freud-Brw S. 494]

❮ *»Die Stunde ohne Gott«, 1922; in
dieser Erzählung schildert Lou die Geschichte ihres eigenen Gottverlusts; die
inneren Monologe des kleinen Jungen
und des kleinen Mädchens sind mit
psychoanalytischen Erkenntnissen
angereichert*

❮ *»Der Teufel und seine Großmutter«,
1922; in diesem szenischen Spiel [als
Film-Drehbuch gedacht] hat Lou versucht, die psychoanalytische Theorie
von den psychischen Entwicklungs-
stadien des Kindes in ein expressioni-
stisches Märchen umzusetzen*

»Ich bin schon fast mit allen Deinen
Büchern gut bekannt und viele von
Deinen Leuten sind mir ganz lebendig; Musja besonders [aus: ›Ródinka‹]
und Balduin [aus: ›Das Haus‹] und
Ursula [aus: ›Die Stunde ohne Gott‹]
und Markus Mandelstein [aus: ›Das
Haus‹]. Ich kann sie aber gar nicht
lesen wie fremde Bücher; denn ich
sehe beim Lesen immer Dein Gesicht.
Dann kommt auch alles wieder, was
Du in unsern Gesprächen erwähnend
dazu gesagt hast, dann sage ich auch
noch etwas dazu und dann wird es
eine Unterredung.« [Brief von Anna
Freud vom 26. 3. 1922; Anna-Freud-
Brw S. 33]

»Um die arme kleine Novelle, die Du
weggejagt hast, tut es mir sehr leid,
wenn ich denke, daß da etwas auf die
Welt kommen wollte und jetzt nicht
kann. Erzählst Du sie mir wenigstens?« [Brief von Anna Freud vom
7. 3. 1923; unveröffentlicht]

»Alte Stoffe alles, als hätten sie wegen
meines Schweigegelübdes geduldig
geruht und in sich gesammelt, was
damals noch erst unterwegs zu mir
war. Ich kann's nicht anders aus-
drücken – es war ein heißer Spaß,
dies Sich-wiedersehn.« [Eintragungen
S. 12]

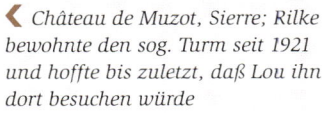

❮ *Rainer Maria Rilke, 1924; mit der handschriftlichen Widmung auf der Rückseite: »Muzot avant Pâques 1924«*

❮ *Château de Muzot, Sierre; Rilke bewohnte den sog. Turm seit 1921 und hoffte bis zuletzt, daß Lou ihn dort besuchen würde*

»**A**ch, dies ganze Bild ist so klar, nur mir, damaligem Kalb, war es das nicht, und damit hat Gott mich mit Schuld geschlagen, daß ich, als wir uns kennen lernten, nicht mit meinem jetzigen Können und Wissen erfahren für Dich bereit stand. Dadurch mußte das mit den Jahren zunehmen.« [Brief an Rainer Maria Rilke vom 12. 12. 1925; Rilke-Brw S. 481]

»**M**eine liebe Lou: (Du hast soviel alte Wörterbücher meiner Klagensprache in Deinem Besitz), giebt Dir das irgend ein Bild meiner Niederlage? [...] Siehst Du jemanden im Umkreis Deiner Welt, der mir helfen könnte? Ich sehe nur Dich, aber wie Dich wirklich erreichen?« [Brief von Rainer Maria Rilke vom Ende 1924; Rilke-Brw S. 477]

◀ *Rilkes letzter Brief an Lou Andreas-Salomé vom 13.12.1926*

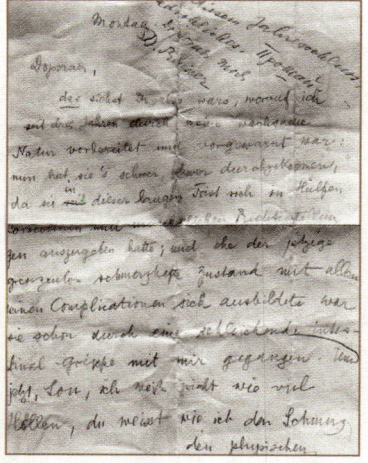

»**T**äglich trug ich mich mit dem Gedanken: ob er um sein Sterben *wisse* –. Jetzt scheint es mir so, nach Ihren letzten Äußerungen, – und nun giebt es nur noch ein Zurücktreten vor ihm und man soll nicht mehr wagen, die eigene lebengebundene Stimme zu heben.« [Brief an Nanny Wunderly-Volkart vom 27.12.1927; Rilke-Brw S. 620]

»Rainer Maria Rilke«,
1928

Rilkes Tocher Ruth mit ihrem Ehemann Carl
Sieber und ihren drei Kindern, 1933

LOU ANDREAS-SALOMÉ

RAINER MARIA RILKE

Mit acht Lichtdrucktafeln

IM INSEL-VERLAG / LEIPZIG · 1928

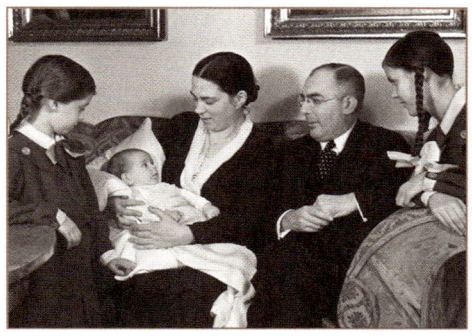

»Im Moment, wo Rainer
dem fließenden Wandel
und Wechsel seiner Exi-
stenz enthoben war, be-
kam er eine geschlossene
Umrißlinie, seine eigenste
Wesenstotalität hob sich,
in der innern Beschäfti-
gung mit ihm, heraus, aus
Briefen und Erinnerungen,
aus einer neuen, nie gewe-
senen Art des Beisammen-
seins.« [Brief an Sigmund
Freud vom 20. 5. 1927;
Freud-Brw S. 183]

»So, wie das Unglück die Sache mit dem Archiv
verdorben hat, – *wie* würde das Rainer zu Herzen
gehn. Gerade hatte Ruth mir erfreut mitgeteilt,
eine passende Wohnung in Weimar sei gefunden,
– ich meinte, das Archiv sei mit drin. Die Notwendigkeit zu so etwas hatte vorgelegen wegen des
schauderhaften Mißbrauchs der mit Rainerschen
Briefen getrieben wird.« [Brief an Anna von
Münchhausen (ca. 1930); unveröffentlicht]

❮ *Lou, 1934*　　　　　　　　　❮ *Friedrich Carl Andreas, 1930*

»Ich dehne und strecke meine alten Knochen in der heutigen Sonne, und mein Mann tut desgleichen. Wir sprechen uns dabei darüber aus, daß das Alter wirklich ›Sonnenseiten‹ habe, die man sonst nicht ebenso zu spüren kriegt. Bei mir geht es ja in der Tat so weit, daß ich noch immer geradezu neugierig bin, was im Wunderknäul ›Leben‹ es wohl noch alles abzustricken geben wird, so daß die drein eingegarnten Überraschungen einem dabei in den Schoß fallen.« [Brief an Sigmund Freud vom 4. 5. 1927; Freud-Brw S. 180]

»Und auch noch was Wunderschönes, beinah aber Drolliges: als mein Mann mich in der Klinik so Tag für Tag zu bestimmten Besuchsstunden im Lehnstuhl am Bett sprach, merkten wir zwei Alten, wieviel wir uns zu erzählen hatten, – wozu wir eigentlich nicht Zeit gehabt; [...] Später übertrug mein Mann auch noch seine Salbungen auf mich, von denen er Anna hier schon erzählte und die er ihr so für Sie anriet; ihm machte es Spaß und mir tat es riesig gut; auch jetzt noch behandelt er mich ganz vorwiegend als Ölsardine.« [Brief an Sigmund Freud vom 3. 5. 1930; Freud-Brw S. 204]

◀ *Grab von Friedrich Carl Andreas; 1937 wurde auch Lou hier beigesetzt, ihr Name wurde erst 1992 auf dem Stein eingetragen*

»**I**ch bin sehr traurig im Gedanken an Dich und Dein leeres Haus. Ich kann mir nicht denken, daß der kleine Gang jetzt nicht mehr zu Deinem Mann führt und er nicht mehr zur Türe hereinschaut, wenn man bei Dir sitzt. Was wirst du machen? Du hast immer gesagt, daß Du alleine nicht mehr im Haus bleiben kannst. Papa macht sich auch große Sorgen um Dich.« [Brief von Anna Freud vom 10. 10. 1930; Anna-Freud-Brw S. 585]

❮ *»Mein Dank an Freud«, 1931*

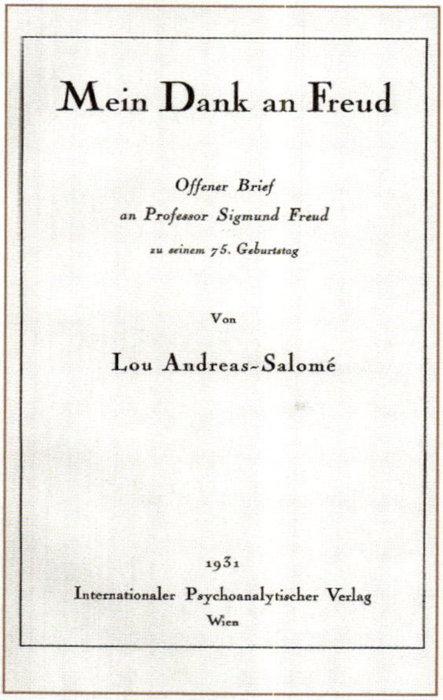

Mein Dank an Freud

*Offener Brief
an Professor Sigmund Freud
zu seinem 75. Geburtstag*

Von

Lou Andreas-Salomé

1931
Internationaler Psychoanalytischer Verlag
Wien

»Es ist gewiß nicht oft vorgekommen, daß ich eine ps.a. Arbeit bewundert habe, anstatt sie zu kritisieren. Das muß ich diesmal tun. Es ist das Schönste, was ich von Ihnen gelesen habe, ein unfreiwilliger Beweis Ihrer Überlegenheit über uns alle, entsprechend den Höhen, von denen herab Sie zu uns gekommen sind.« [Brief von Sigmund Freud vom Juli 1931; Freud-Brw S. 213]

❮ *Sigmund Freud in Hochrotherd (von Anna Freud aufgenommen), 1931; seit 1923 war er an einem Krebsleiden erkrankt*

❮ *»Lebensgebet«, in der Fassung wie es in »Im Kampf um Gott« abgedruckt ist*

Lebensgebet.

Gewiß, so liebt ein Freund den Freund,
Wie ich dich liebe, räthselvolles Leben,
Ob ich in dir gejauchzt, geweint,
Ob du mir Leid, ob du mir Lust gegeben!
Ich liebe dich mit deinem Glück und Harme,
Und wenn du mich vernichten mußt,
Entreiße ich mich schmerzvoll deinem Arme
Gleich wie ein Freund von Freundesbrust.

Mit ganzer Kraft umfaß' ich dich!
Laß deine Flammen meinen Geist entzünden
Und in der Gluth des Kampfes mich
Die Räthsellösung deines Wesens finden;
Jahrtausende zu leben um zu denken
Schließ mich in deine Arme ein, —
Hast du kein Glück mehr übrig mir zu schenken,
— Wohlan, — noch hast du deine Pein.

»Heute muß ich vor allem Ihnen schreiben, denn ihr Brief hat mich überrascht und aus meiner Fassung gebracht. Ich fand Sie ja immer – man soll nicht sagen: resigniert, es war eher überlegen allem, was um Sie und mit Ihnen geschah, und nun kam mir vor, Sie gebärdeten sich entrüstet, schlugen um sich, warum? Weil ich wieder ein Stück auf dem holperigen Weg zurückgelegt, der uns aus dieser Existenz herausführt. Aber ich verstehe es nicht, das stand ja bevor, war in irgend einer Ausführung unvermeidlich, wird bald seine Fortsetzung finden.« [Brief von Sigmund Freud vom 9.5.1931; Freud-Brw S. 210]

»Der Geschmack an dergleichen [dem ›Lebensgebet‹] entsprach Freud sehr wenig; […] ›Nein! wissen Sie, da täte ich nicht mit! Mir würde geradezu schon ein gehöriger irreparabler – Stockschnupfen vollauf genügen, mich von solchen Wünschen zu kurieren!‹ […] Und da geschah, was ich selbst nicht begriff, was ich mit keiner Gewalt mehr zurückhalten konnte, – was mir über die zitternden Lippen kam in Auflehnung wieder sein Schicksal und Martyrium [seine Krebserkrankung]: › – Das, was ich einstmals nur begeistert vor mich hin geschwafelt, – – Sie haben es getan!‹ « [Lebensrückblick S. 168]

❮ *Lou mit ihrem letzten Hündchen Nâs, 1934*

»**D**enn der menschliche Partner erweist sich als das ungeheuer anspruchsvollere Objekt, bei dem man keineswegs so billig und geizig davon kommt wie bei der Kreatur, die sich mit Brosamen der Liebesnahrung abspeisen läßt und uns dennoch schon dafür in ihre unfaßlich ergänzende und fabelhafte Welt aufnimmt (was an aller Tierbeziehung das eigentliche große Ereignis ist).«
[Mein Dank an Freud S. 35]

❮ *Wohnzimmer im Haus Loufried, 1934; das obere große Bild an der Wand ist das Bild »Liebe« von Heinrich Vogeler (vgl. Abb. S. 112), das Bild links unten ist eine Fotografie des sog. Ludovisischen Throns, der in damals aufgrund der Deutung durch Ludwig Curtius weltberühmt geworden war*

❮ *Ernst Pfeiffer, etwa 1934*

»Ich niste nun hier im alten Garten und Haus zu Ende. Es ist so besonders schön für mich, daß das wie eine unmittelbare Fortsetzung des Lebens meines Mannes ist, weil Räume und Dinge und Menschen auf ihn bezogen sind, und zwar auch leibhaftig: in seine beiden Räume unten zog nun, nach erster Unruhe und Auskramung der Bibliothek etc. *Mariechen* mit ihrer Familie, die es im Erdgeschoß eng hatte [...]. Sie glauben garnicht, wie stark mich das berührt, daß damit Kindheit und Jugend darin weiterwächst, Mann und Frau und Junge, und fast auch dessen *Opa*, da er den Garten betreut.« [Brief an Anna von Münchhausen vom 26. 11. 1930; unveröffentlicht]

»Wie mehrmals in meinem Leben kam mit Pfeiffer etwas auf mich zu, was ich weder ersehnt noch vorausgewünscht hatte aus einem Mangelgefühl und das doch um nichts in der Welt hätte ausbleiben dürfen: das erfuhr ich erst – und unmittelbar – an der Wirkung. Meine mir so viel verübelte Zurückgezogenheit vor Menschen öffnete sich weit –.« [Eintragungen S. 11]

❮ *Brief an Ernst Pfeiffer und Josef König vom 24. 5. 1935, als Lou vor einer schweren Operation stand (unveröffentlicht)*

»**U**nsere Gemeinschaft geht nun doch unerwarteter zuende, als ich gedacht. In diesen Tagen werde ich, um Notwendigstes noch rasch zustande zu bringen, alle Conzentration, alles Nachdenken drauf richten müssen [...]. Dies Beeilte und Angestrengte kommt dadurch, daß ich (was ich erst gestern erfuhr) in wenigen Tagen an rechtsseitigem Brustkarzinom operiert werde. [Einschub: Vertraue auf Euer volles Stillschweigen gegen Alle.] Bin ich hinterher noch am Leben, so sollt wahrhaftig Ihr die Ersten sein, denen ich's erzählen will und nach denen ich rufe! Denn daran liegt mir am meisten: noch einige Augenblicke beisammen zu erleben mit einem Jeden von Euch! Die Euch *dankbare* Lou«

»**A**uch Vergangenstes ist Gegenwart
Die ihrer Vollendung entgegenharrt,
In der Jahre Ablauf, leicht oder schwer,
Zu unerkennbarer Wiederkehr
Drin nun erst Wesentliches sich drängte
Das bloße Jugend nimmer schenkte.

Von Einer die fand, dass:
›Altwerden sich lohnt!‹ «

[Postkarte an Ferdinand Tönnies vom 15. 8. 1935 (Poststempel)]

◀ »*Lebensrückblick*«, *1951; Entwurf für das Titelblatt der gemeinschaftlichen Erstausgabe der Verlage Max Niehans, Zürich, und Insel, Wiesbaden*

»Jene menschlichen Wiederholungen des Vergehenden, die wohl nicht zufällig erst im Alter uns ganz einholen, als bedürften sie langen Weges dazu, um das für uns Unvergängliche an ihnen darzutun. [...] Kann doch der geringste, scheinbar belanglosesete seiner Inhalte Unerschöpfliches weisen, kann doch auch im glanzvollsten, erfolgreichsten das Gesamtbild nicht umhin, unsern menschlichen Augen unerkannt zu bleiben. Denn ihnen bleibt es ein Vexierbild: hält es doch uns selber mit-eingezeichnet in sein offenes Geheimnis.« [Lebensrückblick S. 183]

❮ *Gedenkstein für Lou Andreas-Salomé im Garten des an der alten Stelle neu erbauten Hauses am Göttinger Hainberg*

»**D**as Leben lieben, ist das einzige, aber probate Mittel, vom Tod verschont zu sein: denn der Tod ist ein Vorurteil.« [Schule S. 154]

»**E**s mag geschehen, was will – ich verliere nie die Gewißheit, daß hinter mir Arme geöffnet sind, um mich aufzunehmen.« [überliefert von Ernst Pfeiffer; Lebensrückblick S. 300 f.]

Personenregister

[fette Ziffern bezeichnen Bildteile]

ZEITTAFEL

13. Februar **1861**	Geburt in St. Petersburg
Anfang **1878**	verweigerte Konfirmation
Mai **1878**	Bekanntschaft mit Hendrik Gillot
23. März **1879**	Tod des Vaters
Mai **1880**	Konfirmation durch Hendrik Gillot
September **1880**	Beginn des Studiums in Zürich (bis August 1881)
Januar **1882**	Eintreffen in Rom
Februar **1882**	Bekanntschaft mit Malwida von Meysenbug
März **1882**	Bekanntschaft mit Paul Rée
Ende April **1882**	Bekanntschaft mit Friedrich Nietzsche
24. Juli **1882**	erstes Zusammentreffen mit Elisabeth Nietzsche
28. Juli **1882**	Teilnahme an der Aufführung von Richard Wagners »Parsival« in Bayreuth
9. bis 26. August **1882**	Aufenthalt in Tautenburg mit Friedrich Nietzsche
ab Oktober **1882**	philosophischer Kreis in Berlin
Ende November **1882**	Bruch mit Friedrich Nietzsche
1885	»Im Kampf um Gott«
1. November **1886**	Verlobung
Anfang **1887**	Bruch mit Paul Rée
20. Juni **1887**	kirchliche Trauung mit Friedrich Carl Andreas
Dezember **1891**	Bekanntschaft mit Frieda von Bülow
Dezember **1891**	nähere Bekanntschaft mit Georg Ledebour
1892	»Henrik Ibsens Frauengestalten«
Dezember **1892**	Mitglied im Verein der »Freien Bühne«
Februar **1894**	Trennung von Georg Ledebour
1894	»Friedrich Nietzsche in seinen Werken«
27. Februar bis August **1894**	Reise nach Paris
1895	»Ruth«
Februar **1895**	»Jesus der Jude«
1895	Reisen nach Wien (April/Mai, August, November/Dezember)
Dezember **1895**	Bekanntschaft mit Broncia Koller und Friedrich Pineles
1896	»Aus fremder Seele«
1896	Bekanntschaft mit Helene von Klot-Heydenfeldt, später verh. Klingenberg

Mai **1897**	Bekanntschaft mit Rainer Maria Rilke
Sommer **1897**	Sommerfrische in Wolfratshausen (14. Juni bis 16. Juli und 20. Juli bis 3. September)
Anfang Oktober **1897**	Umzug Rilkes nach Berlin
1898	»Fenitschka. Eine Ausschweifung«
1898	Tod von Eugen von Salomé
1899	»Menschenkinder«
25. April bis 17. Juni **1899**	erste Rußlandreise mit Friedrich Carl Andreas und Rainer Maria Rilke
7. Mai bis 22. August **1900**	zweite Rußlandreise mit Rainer Maria Rilke
25. August **1900**	Nietzsches Tod
1901	»Ma. Ein Porträt«
Februar **1901**	Trennung von Rainer Maria Rilke
1901	Heirat von Rainer Maria Rilke mit Clara Westhoff
28. Oktober **1901**	Paul Rées Tod
1902	»Im Zwischenland«
August/September **1902**	Fußwanderung durch die Hohen Tauern mit Friedrich Pineles
Juni **1903**	neuerlicher brieflicher Kontakt mit Rainer Maria Rilke
Juli/August **1904**	Reise nach Skandinavien mit Friedrich Pineles
Oktober **1904**	Berufung von Friedrich Carl Andreas nach Göttingen und Umzug
13.-24. Juni **1905**	erstes Wiedersehen mit Rainer Maria Rilke in Göttingen
Juli/August **1905**	Reise nach St. Jean de Luz mit Friedrich Pineles
Oktober **1905** *bis* **1908**	häufige Treffen mit Max Reinhardt und seiner Truppe
September **1908**	Reise über den Balkan mit Friedrich Pineles
12. März **1909**	Frieda von Bülows Tod
1910	»Die Erotik«
August **1911**	Besuch bei Ellen Key in Schweden und Begegnung mit der Psychoanalyse durch Poul Bjerre
Pfingsten **1912**	letztes Treffen mit Poul Bjerre
Oktober 1912 bis April **1913**	Studium bei Sigmund Freud in Wien
1913	»Von frühem Gottesdienst«
11. Januar **1913**	Tod der Mutter
7./8. September **1913**	5. Internationaler Psychoanalytischer Kongreß in München

ZITIERTE LITERATUR

Ein vollständiges Werkverzeichnis von Lou Andreas-Salomé findet sich in Ursula Welsch, Michaela Wiesner: »Lou Andreas-Salomé. Vom ›Lebensurgrund‹ zur Psychoanalyse«, München ²1990.
Dieses Buch gibt es in leicht gekürzter und aktualisierter Fassung als Taschenbuch bei Reclam Leipzig: Michaela Wiesner-Bangard und Ursula Welsch: Lou Andreas-Salomé. »Wie ich dich liebe, Rätselleben«. Eine Biografie.

Unveröffentlichtes

Die unveröffentlichten Texte stammen aus dem *Lou-Andreas-Salomé-Archiv* von Dorothee Pfeiffer, Göttingen. Zitate aus den unveröffentlichten Tagebüchern sind mit [TB] gekennzeichnet.

Mit Ausnahme von:
Brief an *Richard Beer-Hofmann* vom 17.7.1895 (Harvard University Library Cambridge)
Brief an *Wilhelm Bölsche* vom Dezember 1889 (Universität Breslau)
Brief an *Fritz Mauthner* von Ende Dezember 1900 (Universität Breslau)
Brief an *Arthur Schnitzler* vom 25.11.1895 (Universität Freiburg)
Postkarte an *Ferdinand Tönnies* vom 15.8.1935 (Schleswig-Holsteinische Landesbibliothek)

Lou Andreas-Salomé

Lebensrückblick. Grundriß einiger Lebenserinnerungen, hrsg. von Pfeiffer, E., Zürich 1951 (Frankfurt 1998)
Von frühem Gottesdienst, in: Imago, 2, 1913, S. 457–467
Friedrich Nietzsche in seinen Werken, Wien 1894 (hrsg. von Pfeiffer, Th., Frankfurt 2000) [Nietzsche-Buch]
Drei Briefe an einen Knaben, Leipzig 1917
Russland mit Rainer. Tagebuch der Reise mit Rainer Maria Rilke im Jahre 1900, hrsg. von Michaud, St. und Pfeiffer, D., Marbach ²2000
Die Erotik, Frankfurt 1910 (Frankfurt 1992)
In der Schule bei Freud. Tagebuch eines Jahres 1912/13, hrsg. von Pfeiffer, E., Zürich 1958 (München 1965, Berlin 1983) [Schule]
Eintragungen. Letzte Jahre, hrsg. von Pfeiffer, E., Frankfurt 1982
Mein Dank an Freud, Wien 1931

Briefwechsel

Andreas-Salomé, L., Freud, A.: »... als käm ich heim zu Vater und Schwester« Briefwechsel 1919–1937, 2 Bde., hrsg. von Rothe, D. A. und Weber, I., Göttingen 2001 [Anna-Freud-Brw]

Freud, S., Andreas-Salomé, L.: Briefwechsel, hrsg. von Pfeiffer, E., Frankfurt 1980 [Freud-Brw]

Nietzsche, F., Rée, P., v. Salomé, L.: Die Dokumente ihrer Begegnung, hrsg. von Pfeiffer, E., Frankfurt 1970 [Dokumente]

Overbeck, F. und Rohde, E.: Briefwechsel, hrsg. von Patzer, A., Berlin, New York 1990

Rilke, R. M., Andreas-Salomé, L.: Briefwechsel, hrsg. von Pfeiffer, E., Wiesbaden 1952 (Frankfurt 1993) [Rilke-Brw]

Rilke, R. M.: Briefe und Tagebücher aus der Frühzeit 1899–1902, hrsg. von Sieber-Rilke, R. und Sieber, C., Leipzig 1931

Rilke, R. M., Zwetajewa, M. und Pasternak, B.: Briefwechsel, Frankfurt 1983 [Rilke-Zwetajewa-Pasternak-Brw]

Zeitgenossen

Bülow F. v.: Zwei Menschen, in: Wir von heute: Zwei Erzählungen, Dresden und Leipzig 1898

Deussen, P.: Mein Leben, hrsg. von Dr. Rosenthal-Deussen, E., Leipzig 1922

Donn, L.: Freud und Jung. Biografie einer Auseinandersetzung, Hamburg 1990

Gebsattel, V.-E.: Geleitwort, in: Bjerre, P.: Psychosynthese, S. 7–18, Stuttgart 1971

Koenig, H.: Erinnerungen an Rainer Maria Rilke sowie Rilkes Mutter, hrsg. von Storck, J., Bielefeld 1992

Peters, H. F.: Lou Andreas-Salomé: Das Leben einer außergewöhnlichen Frau, 1964, München 1986 (9. Auflage)

Salten, F.: Aus den Anfängen: Erinnerungsskizzen, in: Jahrbuch deutscher Bibliophilen und Literaturfreunde, 18/19, 1932/33, S. 33–46

Streiter, S.: Frieda von Bülow und Ricarda Huch. Briefe aus dem Jahr 1895, in: Jahrbuch der Deutschen Schillergesellschaft, 32, 1988, S. 51–73

Tausk, M.: Wer war Viktor Tausk? Ein biographischer Versuch von seinem Sohn, in: Tausk, V.: Gesammelte psychoanalytische und literarische Schriften, hrsg. von Metzger, H.-J., S. 498–563, Wien, Berlin 1983

Tönnies, F.: Selbstdarstellung, in: Schmidt, R.: Die Philosophie der Gegenwart in Selbstdarstellungen, Leipzig 1922, S. 199–234

Vogeler, H.: Erinnerungen, hrsg. von Weinert, E., Berlin 1952

BILD- | TEXTNACHWEIS

Wenn nicht anders angegeben, stammen die Abbildungen aus dem
Lou Andreas-Salomé-Archiv von Dorothee Pfeiffer, Göttingen. – Wir dan-
ken allen beteiligten Personen, Instituten und Bildarchiven für die
Bereitstellung von Bildvorlagen. In einigen Fällen waren die Inhaber der
Rechte nicht festzustellen. Hier ist der Verlag bereit, nach Anforderung
rechtmäßige Ansprüche abzugelten.

Hans Günther Numberger, München: S. 20 oben
Olga Panovko, Berlin: S. 28 oben
Bayerische Staatsbibliothek, München: S. 39 rechts, S. 70 links,
S. 72 links, S. 86 links
Universitätsbibliothek, München: S. 52 rechts, S. 173
Gudrun Bautzmann, Göttingen: S. 123

Für Heinrich Vogeler: *Liebe,* 1896:
© VG Bild-Kunst, Bonn 2006

Für die Brief-Zitate von Sigmund Freud:
In: Sigmund Freud. Lou Andreas-Salomé: Briefwechsel, hrsg. von Ernst
Pfeiffer, Frankfurt: Fischer ²1980. – © 1980 S. Fischer Verlag GmbH,
Frankfurt am Main